中学校
新学習指導要領

道徳の授業づくり

柴原 弘志・荊木 聡
Shibahara Hiroshi　Ibaraki Satoshi

明治図書

まえがき

　私が校長を務めさせていただいた中学校でのある年，年間反省に綴られていた先生方の言葉です。

　「あまり難しいことは分からないのですが，道徳の授業はいつも楽しくさせていただきました。生徒たちと共に考え，語り合って，より深い学びになってもきたと感じています。すぐ結果に，とはいかないかもしれませんが，道徳は面白い」

　「育成学級の生徒たちは，頑張って発表しようとする姿が見られるようになってきて，本当によかったと思っています。それぞれ自分なりに考え，発表し，他の人の意見を聞くという姿勢が，それぞれの生徒なりに培われてきました。話を聞いて，しっかり考え，それを（短い）文章にすることができるようになった生徒もいます。（特別支援学級の担任）」

　「どの学年もよく頑張って，毎週の道徳の授業を行ったと思います。本校の生徒たちは，この１年間の道徳の授業を通して，色々な道徳的価値について考えることができて，本当によかったなと生徒の姿から実感させていただいています。（まずしっかり時間が確保されているのが良いですね！）」

　「毎週，必ず道徳を行う重要性が実感できました。いつも，生徒たちが授業に乗ってきて，深く考え，意見交流を楽しめるような授業案を考えて下さる道徳教育部の係の先生方のおかげだと思います。自分としても，沢山，道徳の授業をすることで力がついてきたような。本当にありがとうございました」

　「全学級での『持ち回り道徳』は，生徒，教師共に意義がありました」

　「様々な取組や工夫もあってか，生徒たちの中では，道徳（の授業）＝じゃまくさい・難しい・面白くないといった印象が変わってきたように思います。生徒たちにとってもそうでしょうが，自分にとっても大変勉強になるので，今後も楽しみながら取り組みたいと思っています」

　「個人的な反省としては，学習指導案を見るのが授業直前という時もあり，

自分自身の準備不足が多かったことです。準備が十分にできた時は，生徒の反応も良かったので，結果は正直であると感じました」

　長々と紹介させていただきましたので，プチ自慢のように受け取られ，気を悪くなさった方がおられましたら，どうかお許しください。この学校での数年に及ぶ年間反省報告書の内容は，私の人生における「宝物」です。その中でも特に道徳教育に関する内容は，時折読み返す中で，生徒たちと先生方による道徳授業の様子が鮮やかによみがえってまいります。それらは，私に懐かしさと共に，「皆でやろうと思えば必ずできるものなのだ」というある種の確信を与えてくれるのです。

　昭和33年に「道徳の時間」が特設されて以降，我が国の道徳教育史上最大の改革が進められようとしています。新学習指導要領に基づく道徳教育に関する取組が，小学校において全面実施され，いよいよ中学校です。

　新学習指導要領の趣旨・内容を着実に実現していく取組こそが，これまでも変わらず大切にしてきた我が国の道徳教育の基本的な姿を実質化させることにつながるものだと考えています。「皆でやろうと思えば必ずできるもの」なのです！　ただし，そこは「できるところから，できることを，できるだけ」といった感じで，一歩一歩着実に取組の歩を進められればよいのではないかと思うのです。

　とはいえ，このたび求められている授業づくりや評価の取組に不安やとまどいをお持ちの先生方もおありかと思います。本書は，そうした学校や先生方をしっかりサポートできるものとなるよう，荊木聡先生と共に，基本的事項はもとより多くの具体的実践事例を掲載させていただいています。

　本書が，多くの皆様方にご活用いただき，我が国の道徳教育の実質化とさらなる充実に少しでも寄与するものとなることを心より願う次第です。

平成30年5月

　　　　　　　　　　　　　　　　　　　　　　　　　　　柴原　弘志

まえがき

第1章
新学習指導要領と「特別の教科 道徳」

❶教科化の背景と道徳教育の実質化……………………………………008
❷「考え，議論する道徳」で求められていること……………………012
❸「特別の教科　道徳」の目標に基づく授業…………………………016
❹「主体的・対話的で深い学び」の実現…………………………………022
❺道徳科における「問題解決的な学習」…………………………………030
❻道徳教育・道徳科における評価…………………………………………038

第2章
「考え，議論する」道徳の授業づくりの基礎基本

❶「道徳の内容」を研究する………………………………………………052
❷教材を活用する……………………………………………………………066
❸発問を考える………………………………………………………………074
❹板書を工夫する……………………………………………………………082
❺導入や終末にひと手間かける……………………………………………086
❻評価を適切に行う…………………………………………………………092

第3章
多様な指導方法による「考え,議論する」道徳授業づくり

- ❶道徳科の特質と多様な指導方法……………………………………102
- ❷道徳科の特質を生かした学習指導……………………………………106
- ❸多様な考えを生かすための言語活動…………………………………114
- ❹登場人物への自我関与を大切にした指導……………………………118
- ❺問題解決的な学習を取り入れた指導…………………………………124
- ❻多様な教材を生かした指導……………………………………………130
- ❼情報モラルと現代的な課題に関する指導……………………………136
- ❽家庭や地域との連携,生徒の発達や個に応じた指導…………………142

第4章
授業構想と実際の授業づくり

- ❶授業づくりへの準備……………………………………………………146
- ❷学習指導案づくり………………………………………………………154
- ❸授業の実際と揺らぎ……………………………………………………158
- ❹よりよい授業を求めて…………………………………………………162

あとがき

第1章

新学習指導要領と「特別の教科 道徳」

第1章

教科化の背景と道徳教育の実質化

1 はじめに

　道徳の時間を「特別の教科　道徳」（以下「道徳科」）として位置付けた今回の改正は、「学習指導要領解説　特別の教科　道徳編」において「発達の段階に応じ、答えが一つではない道徳的な課題を一人一人の生徒が自分自身の問題と捉え、向き合う『考える道徳』、『議論する道徳』へと転換を図るもの」として説明されています。

　このことは、昭和33年に告示された学習指導要領に「道徳の時間」が特設されて以来、我が国の学校における道徳授業に求められてきた本質的な姿を、すべての学校、学級における取組に「実質化」させようとするための大きな一歩として捉えたいものです。

　もちろん、これまでも「考える道徳」や話し合いの中で「議論する道徳」に全く取り組んでこなかったということではありません。むしろ、これまでの道徳の時間の特質からも極めて大切にされるべき学習指導の姿であり、この分野での優れた実践が共有・蓄積されてきたことも事実です。

　しかしながら、「道徳教育の充実に関する懇談会」の報告や今回の中央教育審議会答申「道徳に係る教育課程の改善等について」において指摘されているように、本来求められてきた道徳教育、とりわけ道徳の時間の取組が全体からみれば限定的であったという実態を直視しなければなりません。

　また、その根拠も十分に理解されないままに「〜はしてはならない」等々といったいわゆるタブーや特定の学習指導論に固執するあまり、より効果的な学習となる可能性が閉ざされてきた事例も少なくありません。そうした状

況にあって，考える必然性のある問いや自分のこととして考えたくなるような問い，自分とは異なる他の人の多様な考えを聴きたくなるような問いなどをもとにした，主体的，協働的な学習，すなわち今日求められている「主体的・対話的で深い学び」が，果たしてどれほど成立していたでしょうか。

　道徳授業の質的転換，それはこれまでの取組をすべて否定しようというものではけっしてありません。むしろこれまでの優れた道徳教育・道徳の時間における取組の蓄積を生かしつつも，改めて我が国の道徳教育そして「道徳科」の特質から求められる学習指導のあるべき姿を，正しく理解，確認して，本質的な部分から抜本的に改善・充実を図ろうとするものです。

　したがって，「これまでの取組で大丈夫」と考えておられる学校や先生方にあっても，ここは今一度，新学習指導要領に示された趣旨・内容について，「学習指導要領解説」等をもとにしながら，改めてその本質を見極め，道徳科における学習指導についての正しい共通理解を深め，実践し，検証・改善に努めたいものです。そうした意識を学校をはじめとするすべての関係機関等で共有することにより，我が国における道徳教育に真の実質化と充実がもたらされるでしょう。

　ここでは，新学習指導要領における道徳教育・「特別の教科　道徳」の趣旨が真に実現されることをめざし，道徳の教科化の背景，「考え，議論する道徳」，道徳科における授業づくり，道徳教育・道徳科における評価について共に考え，確認しておきます。

2 いじめ問題を発端とした道徳教育改善への動き

　今回の道徳教育改善への議論の発端となったものは，いじめ問題への対応でした。道徳教育において育まれる道徳性は，人間としてよりよく生きようとする人格的特性であり，道徳的価値を実現するための適切な行為を主体的に選択し，実践することができるような内面的資質です。

　一人一人の生徒が，そうした道徳性を身に付け，様々な問題を含む場面や

状況において、道徳的によいとされる行為を実践できるようになることは、確かにいじめ問題の解決にも大きく寄与するところとなるでしょう。しかしながら、昭和33年に設置された道徳の時間を「特別の教科　道徳」として位置付け、道徳教育に係る教育課程の在り方を改善しようとする今回の学習指導要領の改訂が目指すものは、いじめ問題への対応といったものに限定されるようなものではありません。

それは、これまでの道徳教育の本質を踏まえつつも、これからの道徳教育、とりわけ学校の教育活動全体を通じて行う道徳教育の要となる道徳科の授業が、真にその役割を果たし、道徳教育の目標が着実に実現されるようその実質化を図ろうとするものです。

そのためにも、ここでは「量的確保」と「質的充実」という点について確認しておきましょう。

3 道徳科の授業年間35時間の実施（量的確保）

学校教育法施行規則において、道徳科の時間については、小学校及び中学校で各学年35単位時間（小学校第一学年は34単位時間）実施するものと定められています。文部科学省による「道徳教育実施状況調査」（平成24年度）では、平成23年度、全国平均で小学校35.7単位時間、中学校で35.1単位時間の実施ということで、共に年間35単位時間という標準授業時数を上回る結果が示されていました。しかしながら、実態的には、特に中学校において標準授業時数に足りていないという地域・学校も少なからずあるということが指摘されています。

少なくとも年間35時間、道徳科の時間で学ぶことは、児童生徒の権利です。基本的に学校や教師を選べない多くの児童生徒にとっては、たまたま通うことになった学校や教師によって、道徳科の時間が年間35時間確保されていないということは、極めて理不尽なことと言わざるを得ません。

また、「特別の教科」としての道徳科への移行に伴い、検定教科書の使用

ということで，全国の児童生徒に教科書が無償配布されます。主たる教材としての教科書に加え，これまで使用してきた効果的な教材や児童生徒の実態を踏まえて新たに開発した教材も併用することにより，児童生徒の心に届き，響く道徳科の授業への環境が整うことも授業時間確保に大いに生かしたいものです。

4 道徳教育及び道徳科の目標の正しい理解に基づく取組による課題克服（質的充実）

　道徳教育，とりわけその要として位置付けられている道徳の時間が十分にその役割を果たしていないといった課題については，これまでも指摘され続けてきました。例えば，「幼稚園，小学校，中学校，高等学校及び特別支援学校の学習指導要領等の改善及び必要な方策等について（答申）」（平成28年12月21日）ではそうした課題多き現状について，次のように説明しています。

> 　これまでの間，学校や児童生徒の実態などに基づき充実した指導を重ね，確固たる成果を上げている学校がある一方で，例えば，歴史的経緯に影響され，いまだに道徳教育そのものを忌避しがちな風潮があること，他教科に比べて軽んじられていること，発達の段階を踏まえた内容や指導方法となっていなかったり，主題やねらいの設定が不十分な単なる生活経験の話合いや読み物の登場人物の心情の読み取りのみに偏った形式的な指導が行われていたりする例がある

　こうした課題を克服するためには，道徳教育及び道徳科の目標の正しい理解に基づく「考え，議論する道徳」への質的充実や，数値などによらない個人内評価といったような「特別の教科」としての評価の特質を正しく踏まえた取組が重要となります。

「考え,議論する道徳」で求められていること

1 「考え,議論する道徳」が求められる背景

「考え,議論する道徳」について,「幼稚園,小学校,中学校,高等学校及び特別支援学校の学習指導要領等の改善及び必要な方策等について(答申)」(平成28年12月21日)では,

> 多様な価値観の,時には対立がある場合を含めて,誠実にそれらの価値に向き合い,道徳としての問題を考え続ける姿勢こそ道徳教育で養うべき基本的資質であるという認識に立ち,発達の段階に応じ,答えが一つではない道徳的な課題を一人一人の児童生徒が自分自身の問題と捉え,向き合う

という「考え,議論する道徳」へと転換を図らなければならないとしています。特に「単なる生活経験の話合いや読み物の登場人物の心情の読み取りのみに偏った形式的な指導」からの転換を求めているのです。

もちろん,これまでも「考える道徳」には取り組んできたはずです。むしろ,全く「考えない道徳」の授業をイメージすることの方が難しいでしょう。しかしながら,これまでの授業において,果たして生徒が,ここでいうところの「自分自身の問題と捉え,向き合う」ことのできるような,言わば「自分事として」考えを深めることのできる授業になっていたかどうかは,必ずしも十分なものとは言えないでしょう。

また,話し合いの中で「議論する道徳」に全く取り組んでこなかったとい

うことでもないでしょう。しかしそれとて、お互いの考えた内容が単に告げられる程度であって、「多様な価値観の、時には対立がある」ような場面設定での意見の絡み合いといったものなどが全くない、ある意味一面的で深みのない授業で終わってしまっていることはなかったでしょうか。

　道徳科をすべて「議論する」授業にするというわけではないですが、授業の中で「議論になる」ということは、前提として生徒個々にとって自分とは異なる感じ方や考え方が存在しているということです。そこでは、必然的に他の人は何故そのように考えるのだろうという疑問をもつこととなります。

　すなわち、生徒一人一人に、「疑問」という「問い」が立つということです。授業における発問は、基本的には指導者から発せられるものですが、ここには自らの「疑問」という主体的な「問い」が生徒に立っているということです。そして、自ら対話を求めようとしているということです。そこに、今日求められている「主体的・対話的で深い学び」へとつながる可能性を見出すのです。

　こうした「考え、議論する道徳」が提起している授業の具体像を正しく捉え、自分のこれまでの授業と比較検討することから、よりよい授業づくりへの取組を進めることが大切です。

2　道徳科の目標・特質から考える「考え、議論する道徳」

　学習指導要領において、道徳科の目標は

> （前略）よりよく生きるための基盤となる道徳性を養うため、道徳的諸価値についての理解を基に、自己を見つめ、物事を広い視野から多面的・多角的に考え、人間としての生き方についての考えを深める学習を通して、道徳的な判断力、心情、実践意欲と態度を育てる

ことと規定されています。また、道徳科における指導の特質としては、

> 生徒一人一人がねらいに含まれる道徳的価値についての理解を基に，自己を見つめ，物事を広い視野から多面的・多角的に考え，道徳的価値や人間としての生き方についての自覚を深める

ことが求められており，「人間としての生き方についての考えを深める学習を通して，内面的資質としての道徳性を主体的に養っていく時間」であり，「生徒が道徳的価値を内面的に自覚できるよう指導方法の工夫に努めなければならない」(「学習指導要領解説　特別の教科　道徳編」以下，「解説」)と示されています。

さらに，学習指導要領の「第3　指導計画の作成と内容の取扱い」には，

> 生徒が多様な感じ方や考え方に接する中で，考えを深め，判断し，表現する力などを育むことができるよう，自分の考えを基に討論したり書いたりするなどの言語活動を充実すること。その際，様々な価値観について多面的・多角的な視点から振り返って考える機会を設けるとともに，生徒が多様な見方や考え方に接しながら，更に新しい見方や考え方を生み出していくことができるよう留意すること

と示されています。

以上の下線を付した部分は，「多様な価値観の，時には対立がある場合を含めて，誠実にそれらの価値と向き合い」「道徳的な課題を一人一人の生徒が自分自身の問題と捉え，向き合う」「考え，議論する道徳」と関連の深い内容です。こうして見てくると，「考え，議論する道徳」は「道徳科」の基本的な学習活動の一つの姿を示していると言えるでしょう。

「考え，議論する道徳」は，あくまでも道徳科の特質を正しく踏まえる限りにおいて，今日求められている「主体的・対話的で深い学び」へと道徳科の授業を導くための，一つの方途となるものでもあるのです。

3 「考え,議論する道徳」について確認しておきたいこと

　「考え，議論する道徳」への質的転換，それはこれまでの取組のすべてを否定しようというものではありません。むしろこれまでの道徳の時間における優れた実践，研究を生かしつつ，「道徳科」の特質から求められる学習指導のあるべき姿を正しく理解して，本質的な部分から抜本的な改善・充実を図ろうとするものです。

　なお，道徳性の諸様相としては道徳的判断力・心情・実践意欲と態度が考えられており，当然のことながら，「考え，議論する道徳」に加えて「豊かに感じ取れる道徳」「実践意欲の高まる道徳」を意識した授業づくりも，これまでと同様に大切にされなければなりません。

　すなわち，年間35時間の授業をすべて「議論する」ものにしていかなければならないということではないのです。

　また，学校現場では「議論する」というところばかりに意識が向きがちになる傾向が見受けられます。「道徳的諸価値についての理解を基に，」まず「自己を見つめ」自問・内省し考えるといった学習活動がおろそかになりすぎてはいけません。「議論」の前に，しっかりとした道徳科における「一人学び」・「個人ワーク」が為されてこその「議論」であり，そうした「議論」によって，その学びはより深いものへと導かれるのです。

　「考え，議論する道徳」について考えるとき，「学習指導要領第３章の『第２　内容』は，教師と生徒が人間としてのよりよい生き方を求め，共に考え，共に語り合い，その実行に努めるための共通の課題である」という「解説」に示された内容の意味するところを改めて確認し，「道徳科」の授業づくりやその後の実践に努めたいものです。

「特別の教科 道徳」の目標に基づく授業

　ここからは，道徳科の目標の趣旨について「学習指導要領」及びその「解説」等をもとにしながら，中央教育審議会教育課程企画特別部会等での協議内容も踏まえつつ，改めてその本質を見極め，道徳科における学習指導の在り方，質の高い授業づくりについて共通理解を深めていきたいと思います。

　すべての学校で，今改訂で求められている質の高い道徳科の授業が実践され，評価・検証・改善に努められていくこと。そうした取組が学校をはじめとするすべての関係機関等や家庭・地域社会でも共有されていくことにより，我が国における道徳教育に真の実質化と充実がもたらされることになるのです。

1 「道徳的価値や人間としての生き方についての自覚を深める」学習指導・授業づくり

　道徳授業の在り方について考える上で，その基本として最も重要なことは，「道徳科の目標」すなわち，

> （前略）よりよく生きるための基盤となる道徳性を養うため，道徳的諸価値についての理解を基に，自己を見つめ，物事を広い視野から多面的・多角的に考え，人間としての生き方についての考えを深める学習を通して，道徳的な判断力，心情，実践意欲と態度を育てる

という内容について正しく理解するということです。そのためにも，「学習指導要領解説　特別の教科　道徳編」を熟読することが大切です。

この道徳科の目標中，筆者が付した波線部分と太線部分は，それぞれこれまでの学習指導要領で道徳の時間の特質を規定してきた「道徳的価値及びそれに基づいた人間としての生き方についての自覚を深める」学習やこれまで説明されてきた「道徳的実践力」と基本的には同質のものを意味していることとして理解できるでしょう。

　中でも「道徳的価値の自覚」は，いわゆる道徳教育上の専門用語であり，我が国の道徳授業を説明する上での極めて重要な概念です。今回の学習指導要領改訂の議論の過程では，より平明で分かりやすい表現にしようということもあり，学習指導要領の本文からは除かれ，他の文言による示し方となりました。

　しかしながら，その「解説」では数か所にわたって「道徳的価値や人間としての生き方についての自覚を深め」等々の記述があることからも分かるように，道徳科の授業においても引き続きその在り方を規定する重要な概念として理解しておくことが必要です。

　これまでの「解説」では，三つの事柄を押さえることとして説明してありました。すなわち，「道徳的価値の自覚」は，「道徳的価値についての理解」，「自分とのかかわりで道徳的価値がとらえられること」，「道徳的価値を自分なりに発展させていくことへの思いや課題が培われること」によってもたらされる学びです。

　少し表現は異なりますが，これまで大切にしてきた「道徳的価値の自覚」へつながる学習指導の姿を，新学習指導要領では「道徳科の目標」の中により具体的に示したといってよいでしょう。

　今回の「道徳科の目標」部分は，これまでの「道徳の時間の目標」部分に比べ，より具体的な授業イメージがわくような表現になっています。通常，教科の目標は，どのような学習活動を通して，どういう資質能力を育むのかという形で示されることが多いです。今回の改訂では，道徳科において求められる具体的学習活動をよりイメージできるように表現し，そうした学習を通して育もうとする資質・能力について示しています。

今回，道徳科における評価として新たに盛り込まれた「学習状況」の把握と評価という趣旨からも，道徳科の特質を踏まえた効果的な学習活動を工夫し，生徒一人一人の確かな学びとなるように意を用いることが大切です。そのためにも，それぞれの時間のねらいが，中核となる学習活動とともに，これまで以上により具体化・明確化される必要があります。

2 「道徳的諸価値についての理解を基に，自己を見つめる」ということについて

次に，「道徳的諸価値についての理解を基に，自己を見つめる」ということについて共通理解しておきましょう。

生徒一人一人には，授業以前にその時間のねらいに含まれる道徳的価値（「節度・節制」「友情」「遵法精神」「生命の尊さ」等々）について，一定の理解（宿題等による事前の「診断的評価」も可能）があります。

すなわち，そこでは授業以前のレディネスとしての自分なりの「友情とはこういうものだ」といったような一定の理解を基に自己を見つめることもあるでしょう。

さらに，教材などにより提示された道徳的問題について考えていく学習等を通して，生徒一人一人の理解に変容が生まれ，そこで得られた新たな「理解を基に」再び自己を見つめることも考えられます。

したがって，「自己を見つめる」学習活動は，その時間内に一回限りとは限らないということです。ある道徳的価値について，それぞれの時点での理解を基に自己を見つめるという学習活動が，その学習指導過程によっては複数回存在するということです。このことは，道徳的判断力の育成にとっても極めて意味あることと言えます。

道徳的判断力を育てるということは，「道徳的価値についての理解」を前提としています。人間は，ある事柄や事象に関する一定の理解をもとに思考し，判断し，実践して，その結果を検証・評価するというプロセスを経て，

判断力を高めていくからです。

　また,「道徳的価値についての理解」が,自分自身の「人間としての生き方についての考えを深める学習」につながるようにするためには,価値理解はもとよりそのことに関連した人間理解,他者理解そして自己理解が深められるようにすることも求められます。

　加えて確認しておきたいことは,「道徳的諸価値についての理解を基に」という文言の後に読点「,」が打たれていることの意味について理解しておくことも重要であるということです。

　すなわち,「道徳的諸価値についての理解を基に」は「自己を見つめ」だけにつながるものではなく,それ以降の「物事を広い視野から多面的・多角的に考え」「人間としての生き方についての考えを深める学習」までのすべてにかかっているということです。

　つまり,道徳科の授業では,道徳的価値というものを中心に据え,その内容をしっかりと把握した上で,そのねらいを明確にした授業づくりが行われなければならないということです。

　「解説」の中に,「自立した人間として他者と共によりよく生きるための基盤となる道徳性を養うには,道徳的価値について理解する学習を欠くことはできない」と規定している趣旨を深く受け止めなくてはなりません。

3 「(道徳的諸価値についての理解を基に,)物事を広い視野から多面的・多角的に考える」ということについて

　3点目に,「物事を(広い視野から)多面的・多角的に考える」ということについて共通理解しておきましょう。小学校では「多面的・多角的に」と示されており,中学校ではさらに「広い視野から」という文言が加えられています。

　小学1・2年生には難しいように思えることでも,発達の段階に応じてより多面的・多角的な考察は可能となっていくものです。

人間が生きていく上で出会う道徳的な場面，すなわち善悪が問われる場面というのは，何がしかの「道徳的価値」が介在している場面です。道徳の内容に示されている「道徳的価値」の価値たる所以・根拠やその具体的な行為に見られる姿は，決して一面的なものではなく様々な面すなわち多面性を有しています。

　例えば友情であれば，その人間間の関係性において「仲良くする」「助け合う」「理解する」「信頼する」という側面，さらには「高め合う」すなわち「切磋琢磨する」といったような多様な側面があり，それぞれの側面から友情というものを捉え理解させることができ，友情を価値づけている根拠について考えを深めさせることもできます。

　このように，道徳科で扱う学習内容としての「道徳的価値」がその特質として本質的に有している多様な側面から考えさせようとすることを，「多面的に考える」と表現しているのです。小学1・2年生では，「高め合う」・「切磋琢磨」という側面から友情について考えさせることは難しいかもしれませんが，中学生では十分に考え，理解できる側面でしょう。

　このように発達の段階という点も考慮しつつ，友情という道徳的価値が本質的に有している「高め合う」・「切磋琢磨」という，これまでとは異なる友情の側面からも考えさせようとすることが，すなわち多面的に考えさせるということなのです。

　生命の尊さについて考えるならば，生命（いのち）が，有限であるということ，連綿とつながってきているということ，唯一無二であるということなどは，生命それ自体が本質的に有している，生命そのものを規定している多様な側面，いわゆる多面性です。

　そうした多面性を有する生命について，あるいはそうした生命が関わる物事や事象について「多角的に考えさせる」とはどういうことなのでしょうか。

　例えば，それは法的保障問題に関連させて「いのちに値段があるか」と問うことによって，生命そのものの本質とは異なる，経済的な角度から考えさせたりすることです。言い換えれば生命それ自身が本質的には有していない

側面や観点から考えさせるということなのです。

　また，現代的な課題として，生命倫理の問題から臓器移植などを教材として取り上げ，「自分だったら」と自分の立場から考えさせたり，「家族の立場だったら」と自分以外の立場だったらどうかと考えさせたりすることもできるでしょう。

　あるいは，今この時点であればそれは正しいことになるかもしれないが，過去の時点だったら，未来のある時点だったらと，さらには，この地域だったらそうでも，他の地域や国だったらどうだろうと時間軸や空間軸で考えることも工夫できるでしょう。

　その時々の学習対象である道徳的価値の本質的な側面（多面性）からだけでなく，それ以外の様々な角度から，考える条件や観点を多様に変えてみる，すなわち多角的な観点からも考えさせようということです。

　そうした学習を通して，ある「道徳的価値」についてより深い学びが生まれ，その時間のねらいの実現に効果的な学びとなることが期待できるのです。教材の開発・活用や中心発問等を考える上で，大いに参考とすべき視点であり，より質の高い授業づくりへの可能性を広げてくれるでしょう。

4 「(道徳的諸価値についての理解を基に，)人間としての生き方についての考えを深める」ということについて

　道徳科における学習は，「人間としての生き方を考え，主体的な判断の下に行動し，自立した人間として他者と共によりよく生きるための基盤となる」道徳性を育むためのものです。まさにここにつながる学習が常に意識されなければなりません。道徳的諸価値についての学びが，人間としての自己の生き方についての学びへと深められていくことこそが道徳科の要諦です。

「主体的・対話的で深い学び」の実現

1 「アクティブ・ラーニング」への方向性の背景と基本的な考え方

　今回，「アクティブ・ラーニング」という言葉が広く注目を集めるようになった背景の発端は，国際的に見た我が国における大学教育の実態に対する危機感によるものとも言えるでしょう。それはまた，ここ数年来の義務教育段階での学習指導の在り方における着実な改善傾向とのギャップが，大学における旧態依然とした教育形態をより際立たせることにもつながったのではないでしょうか。

　「新たな未来を築くための大学教育の質的転換に向けて（答申）」（平成24年8月28日）の「用語集」において，「アクティブ・ラーニング」は「教員による一方向的な講義形式の教育とは異なり，学修者の能動的な学修への参加を取り入れた教授・学習法の総称」（「学習」ではなく「学修」という表記を一部使用）であり，「学修者が能動的に学修することによって，認知的，倫理的，社会的能力，教養，知識，経験を含めた汎用的能力の育成を図る」ものと説明しています。

　また，初等中等教育での「アクティブ・ラーニング」については，「初等中等教育における教育課程の基準等の在り方について（諮問）」（平成26年11月20日）の中で，これからの社会や教育において必要とされる力を子供たちに育むためには，「『何を教えるか』という知識の質や量の改善はもちろんのこと，『どのように学ぶか』という，学びの質や深まりを重視することが必要であり，課題の発見と解決に向けて主体的・協働的に学ぶ学習（いわゆる『アクティブ・ラーニング』）や，そのための指導の方法等を充実させていく

必要があり」「こうした学習・指導方法は，知識・技能を定着させる上でも，また，子供たちの学習意欲を高める上でも効果的である」と説明しています。

2 「どのように学ぶか」の鍵となる「アクティブ・ラーニングの視点」

　今回の学習指導要領改訂の趣旨・内容を着実に実現するために，まず大切なことは，これからの世界を生きていく子供たちに育成すべき資質・能力についてしっかりとした認識をもって教育実践に取り組むということです。

　すなわち，中央教育審議会教育課程企画特別部会での「次期学習指導要領等に向けたこれまでの審議のまとめ」（平成28年8月）の中で資質・能力の三つの柱として示された「何を理解しているか，何ができるか」という生きて働く「知識・技能」の習得，「理解していること・できることをどう使うか」という未知の状況にも対応できる「思考力・判断力・表現力等」の育成，そして「どのように社会・世界と関わり，よりよい人生を送るか」という学びを人生や社会に生かそうとする「学びに向かう力・人間性等」の涵養，ということについての認識が重要になってくるということです。

　さらにそこでは，これらこれからの子供たちに育成することが求められている資質・能力について，各教科・領域の特質を踏まえて育成すべき資質・能力とはどういったものなのか，その具体を共通理解していく作業も必要となってきます。

　考えるに，各学校においてこれらの資質・能力をしっかりと育成していくためには，子供たちが「何を学ぶか」という学習内容に加えて，「どのように学ぶか」という学習指導の質の向上を欠くことはできないでしょう。そして，この「どのように学ぶか」の鍵となるのが，今回，前述の「審議のまとめ」に示された「アクティブ・ラーニングの視点」すなわち「主体的・対話的で深い学び」をいかに実現するかという学習指導の改善のための視点なのです。

　さらに，このたび改訂された学習指導要領には，教育内容を定めるという

役割だけではなく,「生涯にわたる学習とのつながりを見通しながら,子供たちの多様で質の高い学びを引き出すことができるよう,子供たちが身に付ける資質・能力や学ぶ内容など,学校教育における学習の全体像を分かりやすく見渡せる『学びの地図』としての役割」(平成28年12月21日「幼稚園,小学校,中学校,高等学校及び特別支援学校の学習指導要領等の改善及び必要な方策等について」)が期待されています。

　道徳教育で求められている道徳性は,まさに私たち人間が,学校を離れた後も生涯を通じて学び,育み続ける必要のある学習課題と言えるでしょう。すべての子供たちが,これからの時代において,道徳性という,それぞれの人生をより豊かに生きていく上で欠かすことのできない人格的特性を,自ら育んでいけるようにしていくことは,教師を含めその子供たちに関わるすべての大人が担うべき使命・責務と言えるのではないかと思うのです。

　では,子供たちが,将来出会うであろう様々な場面において,人間としてよりよく生きていけるようになるためには,どのような学びが道徳教育・道徳科に求められるのでしょうか。

　今回の学習指導要領改訂における「主体的・対話的で深い学び」をいかに実現するかという「アクティブ・ラーニングの視点」は,まさにそうした問いに対する答えへの重要な示唆を,改めて私たちに与えてくれているものと考えられます。

　道徳の時間が特設された昭和33年改訂の「学習指導要領」には,すでに次のような規定が示されていました。

> 　指導にあたっては,(できるだけ児童の自主性を尊重するとともに,)生徒の経験や関心を考慮し,なるべくその具体的な生活に即しながら,(話し合い,)討議(作文などの利用を含む),問答,説話,読み物の利用,視聴覚教材の利用,劇化,実践活動など種々の方法を適切に(組み合わせて)用い,(教師の)一方的な教授や,単なる徳目の解説に終ることのないように特に注意しなければならない。　(　)は小学校

このことは，今日の「どのように学ぶか」を改めて重視していこうとする考え方にも通底するものであり，「アクティブ・ラーニング」の視点としての「主体的・対話的で深い学び」と道徳科の授業の関係を考える上でも貴重な示唆を与えてくれるものです。

　子供たちは，大いなる自然に抱かれ，多様な価値観の存在する世界や社会の中で，まさに一度きりの人生を歩んでいきます。そこでは，誠実にそうした環境や価値と向き合い，そこでの人間としての在り方生き方を自分自身の道徳的問題と捉え，生涯にわたって他者と対話し，協働しつつ，様々な事象を人生や社会の在り方と結び付けて深く理解し，人間としての自己の生き方について主体的・能動的に考え，学び続けることができるようになることが必要です。

　そうした，自らの道徳的な成長を意識し，人間としての自己の生き方について深く考え，学び続けられる，言い換えるならば，自らの道徳性を育み続けられる子供たちを育成するためには，具体的にどのような道徳科の授業が求められるのでしょうか。子供たちが，学習内容に対して興味・関心や実感を強くもち，自分の思い（本音）を語り，皆との対話や議論を大切にしながら，意欲的に学ぼうとするような学習指導，子供たちにとって真に学びがいのある授業をどのように設計したらよいのでしょうか。

　さらにその結果として，道徳科を子供たちが皆大好きになるような時間にするには，何を心掛け，どういう工夫をしたらよいのでしょうか。実は，その基礎基本に「主体的・対話的で深い学び」の趣旨の理解とその実現へ向けた取組が位置づくものと考えられます。

3　道徳科に「アクティブ・ラーニングの視点」を生かす上での基本的な考え方

　平成27年から平成30年にかけて取り組まれた各校種一連の学習指導要領等改訂における「アクティブ・ラーニングの視点」，すなわち「主体的・対話

的で深い学び」の実現から学びの質を高めようとする方向性は，これからの子供たちに求められている資質・能力をより確かに育成するために，教育活動をより効果的なものに改善しようとするものです。したがって，各教科・領域における教育活動や教育課程全体で育成しようとしている資質・能力は何かということを常に視野に入れて考える必要があります。

道徳科において育成しようとしている資質・能力は，よりよく生きるための基盤となる道徳性です。したがって，道徳科における「アクティブ・ラーニング」は，道徳性の育成という道徳科の目標の実現あるいは，そのために日々取り組まれている道徳科のそれぞれの時間のねらいの実現に資するものとして位置づくものでなくてはなりません。

また，「アクティブ・ラーニング」は，特定の学習方法や学習の型を意味しているものではありません。したがって，その学習方法自体が目的化されたり，特定の具体的方法論に固執してしまったりすることにより，逆に効果的な学習活動が損なわれるということがあってはならないということにも留意が必要です。

道徳科の目標や道徳科の時間のねらいの実現に効果的なものとなるかどうかという「ものさし」抜きに，「アクティブ・ラーニング」を云々しようとすることは厳に慎まなければなりません。

4 「主体的・対話的で深い学び」と道徳授業

「考え，議論する道徳」について考えたときと同様に，ここでは，「主体的・対話的で深い学び」と道徳授業の関係性について，学習指導要領及びその「解説」の内容から考えてみましょう。

学習指導要領において，道徳科の目標は

（前略）よりよく生きるための基盤となる道徳性を養うため，道徳的諸価値についての理解を基に，<u>自己を見つめ</u>，物事を<u>広い視野から多面</u>

> 的・多角的に考え，人間としての生き方についての<u>考えを深める学習</u>を通して，道徳的な判断力，心情，実践意欲と態度を育てる（下線は筆者による。以下同）

ことと規定されています。

　また，そのことを受けて，「解説」において，道徳科における指導の特質は，「<u>生徒一人一人</u>が，ねらいに含まれる道徳的価値についての理解を基に，<u>自己</u>を見つめ，物事を<u>広い視野から多面的・多角的に考え</u>，人間としての生き方についての<u>考えを深める学習</u>を通して，内面的資質としての道徳性を<u>主体的</u>に養っていく時間」であり，「生徒が道徳的価値を内面的に<u>自覚</u>できるよう指導方法の工夫に努めなければならない」と示されています。

　さらに，学習指導要領の「指導計画の作成と内容の取扱い」には，

> 　<u>生徒が自ら道徳性を養う中で，自らを振り返って成長を実感したり，これからの課題や目標を見付けたりすることができるよう工夫すること</u>。その際，<u>道徳性を養うことの意義について，生徒自らが考え，理解し，主体的に学習に取り組むことができるようにすること</u>。

> 　生徒が多様な感じ方や考え方に接する中で，<u>考えを深め</u>，判断し，表現する力などを育むことができるよう，<u>自分の考えを基に討論したり</u>書いたりするなどの<u>言語活動を充実すること</u>。その際，<u>様々な価値観について多面的・多角的な視点から振り返って考える機会を設けるとともに，生徒が多様な見方や考え方に接しながら，更に新しい見方や考え方を生み出していく</u>ことができるよう留意すること。

と示されています。

　これは，これまでの道徳の時間の指導においても本質的には同様に求めら

れていたことです。このことを，今日的なキーワードも踏まえ改めて整理するならば，道徳授業においては，道徳的価値の介在する問題・課題や事象に関して，<u>自問・内省</u>によるメタ認知の内容が言語化され，<u>自他の多様な考え方や感じ方が交流される</u>ことにより，物事の正しさや良さ・善さに関して吟味するという<u>批判的思考を集団の中で深め</u>たり，共感したりする学習活動を展開することが求められてきたのであり，これからも求められているのだと言えるでしょう。

改めて<u>下線</u>を付した部分に注目するまでもなく，これまでの授業の様子を思い浮かべれば理解できると思いますが，「<u>主体的・対話的で深い学び</u>」は，道徳授業における学習活動の本質的な姿の一面として捉えられるものであり，今後とも大切にすべきものなのです。加えて，これまでと同様に，道徳科においても「自己内対話」すなわち「自分が自分に自分を問う」という学習活動が常に求められていることも忘れてはなりません。

なお，道徳科における「主体的・対話的で深い学び」及び「見方・考え方」は，「幼稚園，小学校，中学校，高等学校及び特別支援学校の学習指導要領等の改善及び必要な方策等について（答申）」（平成28年12月21日）においては，以下のように説明されています。

「主体的な学び」

児童生徒が問題意識を持ち，自己を見つめ，道徳的価値を自分自身との関わりで捉え，自己の生き方について考える学習

各教科で学んだこと，体験したことから道徳的価値に関して考えたことや感じたことを統合させ，自ら道徳性を養う中で，自らを振り返って成長を実感したり，これからの課題や目標を見付けたりすること

「対話的な学び」

子供同士の協働，教員や地域の人との対話，先哲の考え方を手掛かりに考えたり，自分と異なる意見と向かい合い議論すること等を通じ，自分自身の

道徳的価値の理解を深めたり広げたりすること

「深い学び」
　道徳的諸価値の理解を基に，自己を見つめ，物事を多面的・多角的に考え，自己の生き方について考える学習を通して，様々な場面，状況において，道徳的価値を実現するための問題状況を把握し，適切な行為を主体的に選択し，実践できるような資質・能力を育てる学習

道徳科における「見方・考え方」（「深い学び」の鍵）
　様々な事象を，道徳的諸価値の理解を基に自己との関わりで（広い視野から）多面的・多角的に捉え，自己の（人間としての）生き方について考えること

5　生徒と共に教師も「主体的・対話的で深い学び」の主体者に

　生徒たちに「主体的・対話的で深い学び」を定着させる上で，教師自らがそうした学習姿勢を示すことは極めて有意義なことです。このたびの道徳の教科化による道徳教育の実質化を成功ならしめるためにも，道徳授業はもとより道徳教育全般において，教師もまた生徒と共に「主体的・対話的で深い学び」の主体者でありたいものです。
　「解説」に示された，「学習指導要領第3章の『第2　内容』は，教師と生徒が人間としてのよりよい生き方を求め，共に考え，共に語り合い，その実行に努めるための共通の課題である」という説明の意味するところを再度確認しておきましょう。

第1章

5

道徳科における「問題解決的な学習」

1 学習指導要領等に示された道徳科における「問題解決的な学習」

　道徳科における「問題解決的な学習」をどのように捉えたらよいのでしょうか。そのためには，厳密に言えば，その周辺の概念について歴史的に整理していくことも必要となります。
　また，PISAでいうキーコンピテンシーとしての「問題解決（能）力」や我が国の国立教育政策研究所が整理した「21世紀型能力」イメージの中核に位置付けられている「深く考える（思考力）」の「問題解決・発見」との関係について論究していくことも有意義でしょう。
　しかしながら，ここでは学習指導要領及びその解説や文部科学省に設置された「道徳教育に係る評価等の在り方に関する専門家会議」での協議内容をまとめた「『特別の教科　道徳』の指導方法・評価等について（報告）」（平成28年7月22日）（以下「報告」）等，文部科学省がこれまでに示してきた道徳科における「問題解決的な学習」に関わる説明内容から整理しておきましょう。
　平成27年3月に告示された一部改正の学習指導要領には，その「第3章　特別の教科　道徳」の「第3　指導計画の作成と内容の取扱い」の中に，道徳科において，道徳の内容を指導するに当たっての配慮事項の一つとして，「問題解決的な学習」を取り入れるなどの指導方法を工夫することが新たに規定されました。その内容は次のとおりです。

> 生徒の発達の段階や特性等を考慮し、指導のねらいに即して、問題解決的な学習、道徳的行為に関する体験的な学習等を適切に取り入れるなど、指導方法を工夫すること。その際、それらの活動を通じて学んだ内容の意義などについて考えることができるようにすること。

ここに示された「問題解決的な学習」について、「解説」では、

> 道徳科における問題解決的な学習とは、生徒一人一人が生きる上で出会う様々な道徳上の問題や課題を多面的・多角的に考え、主体的に判断し実行し、よりよく生きていくための資質・能力を養う学習である

と説明しています。

また、「報告」の中でも、「道徳科における質の高い多様な指導方法」の事例として、「登場人物への自我関与が中心の学習」、「道徳的行為に関する体験的な学習」に加えて「問題解決的な学習」が取り上げられており、道徳科における「問題解決的な学習」の特長に関して、次のように説明しています。

「児童生徒一人一人が生きる上で出会う様々な道徳的諸価値に関わる問題や課題を主体的に解決するために必要な資質・能力を養うことができる」

「問題場面について児童生徒自身の考えの根拠を問う発問や、問題場面を実際の自分に当てはめて考えてみることを促す発問、問題場面における道徳的価値の意味を考えさせる発問などによって、道徳的価値を実現するための資質・能力を養うことができる」

2 道徳科における「問題解決的な学習」の基本的な姿

　道徳科における「問題解決的な学習」について考える上で，その基本となるものは道徳科の目標です。

　すなわち，「（前略）よりよく生きるための基盤となる道徳性を養うため，道徳的諸価値についての理解を基に，自己を見つめ，物事を広い視野から多面的・多角的に考え，人間としての生き方についての考えを深める学習を通して，道徳的な判断力，心情，実践意欲と態度を育てる」という目標の実現に資する学習となることが第一前提です。

　なお，この目標に示されている道徳科における学習活動は，今般の学習指導要領改訂の重要な要素でもある「主体的・対話的で深い学び」を道徳科の特質を踏まえて具体化させたものと言えます。

　以上のような基本的な前提を踏まえるとき，道徳科における「問題解決的な学習」で取り上げられる「問題」とは，誰にとってのどのような「問題」であるべきなのでしょうか。そこでは，どのような「解決」の在り方が求められている「学習」なのでしょうか。そして，その「学習」のそもそもの目的は何なのかといった点から整理すると，道徳科における「問題解決的な学習」の具備すべき基本的要件は，以下のように考えられます。

---

①道徳的価値が介在している道徳的（道徳上の）問題であること。
②自己の問題として捉え，主体的に考えられる問題であること。
③道徳的価値との関連から，その問題の解決が目指される学習であること。
④道徳科の目標及びそれぞれの時間のねらいの実現に資する学習であること。

　道徳科における「問題解決的な学習」で扱われる問題は，あくまでも道徳

的（道徳上の）問題でなくてはなりません。すなわち，善悪が問われるという問題です。言い換えるならば，道徳的価値が何らかの形で介在している問題ということです。厳密に言えば，それぞれの道徳科の時間のねらいに含まれる道徳的価値が介在している問題ということになります。

また，道徳科における「問題解決的な学習」で扱われる問題は，自分自身の問題として十分に意識され，自分の事として考えられる問題でなくてはなりません。

そこで提示された問題は，時には読み物教材の登場人物の問題なのかもしれないし，もともとは教師から提示された問題なのかもしれません。内容的には環境やエネルギーの問題であったり，生命（いのち）の問題であったりしたとしても，その問題が，終始他人事として取り上げられ，自分自身の問題として考えられるということが全くないということであれば，それは道徳科における「問題解決的な学習」とはなりえないということです。

また，多面的・多角的に考えられる問題であり，対話的な学びに供することができる問題であることも大切です。そして，人間としての自己の生き方についての考えを深める学習となり，その道徳科の時間のねらいの実現に効果があり，道徳性の育成に資する学習となることが求められるのです。

その際，入り口の問題が個々の問題意識から見出された身近な問題であっても，具体的な道徳的価値がしっかりと取り上げられ，その道徳科の時間のねらいの実現につながる学習となりうることもあるでしょう。

また，「本当の思いやり」や「真の礼儀」について改めて考えさせるような授業展開において，それまでの道徳的価値についての理解では解決できない問題状況が提示され，「え，なぜ。どうして」「だったら，どのように考え，その問題を解決したらいいの」といったような，まさに「自らの問い」に始まる「問題解決的な学習」は，極めて主体的・能動的な学習となり，多様な価値観に基づく感じ方や考え方の交流を通して，時には白熱した議論を生じさせることもあり，道徳的な学習効果も大いに期待できるものとなります。

3 道徳科における問題と日常生活における問題

　さらにここでは,「問題解決的な学習」の具備すべき基本的要件（p.32）の③の内容に関連して, 特別活動の領域での「学級や学校における生活上の諸問題の解決」としての取り扱いとの異同について考えておきます。学校現場では, 一部誤解による混同も見られるようです。

　道徳科で取り扱われる問題は「日常の問題であってはいけない」というようなことが, さも当然のことのように言われているといったことも聞かれます。とっかかりとしての入り口的な位置づけであれば, 別に日常的な問題であってもいっこうにかまわないものと考えられます。ただし, 道徳科での学びは, 道徳上の問題として, 道徳的価値の側面から解決される学習とならなければいけません。

　例えば,「教室が汚い」ということが学級で問題になったとしましょう。「何で汚いんだ」という話になって, そのとき学級の生徒からは, 次のような意見が出てきたとします。

　「学級のことなんて全く考えていない人がいる」
　「掃除当番がいい加減で自分の責任を果たしていないじゃないか」
　「私たちはやっているのにあの人たちが協力しない」
　「みんなで使っているものなのに, 公徳心にかける」
といったような道徳的価値が含まれる理由もあがってはきます。

　こうした場合, 学級活動の中では「ではどうしようか」と具体的な対応が話し合われ, きれいな教室にしようという具体的な活動やその方法が決められたり, 確認されたりします。時にはその時間内に学級のみんなで掃除をすることもあるでしょう。まさに, 特別活動における「為すことによって学ぶ」ということが実践されるわけです。

　しかし, 道徳科の時間での扱いということであれば, 問題の要因としてあげられたものの中に含まれる道徳的価値に焦点が当てられていくことになり

ます。そこでは，「きれいに掃除をする」ための具体的な方法についての学習が求められているのではありません。

「教室が汚い」という学級における問題としての事象には，まず「教室を汚す」「掃除をしない」「掃除の仕方が分からない」といった要因も考えられます。

次に，
「掃除の仕方は知っているけれども自分の役目としてそれを果たすことができていない」
「役目を果たそうとしても協力しない人がいる」
「みんなで使うものなのにきれいにしておこうという意識がない」
等々，汚い教室をきれいにしようという問題場面には様々なファクターがあって，学級活動では具体的かつ実践的に教室がきれいになるところまでを見越した学習や体験活動・実践活動が展開されます。その時間の学習として，具体的，実践的な活動が求められるのです。これは特別活動における問題解決的な学習です。

道徳科ではその問題となる事象に含まれる，責任，協力，公徳心などの道徳的価値のいずれかを引っ張り出し，それを学習対象とします。つまり，「教室が汚い」という問題的事象から，「責任の自覚が足りないんじゃないか」という道徳的問題部分を引っ張り出してきます。

そして，責任を果たすということについて，その意義についてはもとより，なぜできないのかといった点などについても，価値理解とともに人間理解や他者理解・自己理解を深めながら学んでいくこととなります。

ここで重要なことは，責任が自覚されていない，責任が果たされていないというのは，教室が汚いという問題だけに当てはまるものではありません。委員会活動や部活動にもあるでしょうし，家庭生活にもあり得るものであり，他の様々な事象においてもあり得るわけです。

したがって，道徳科では，教科書等の教材に示された問題場面に介在している「集団の中での自分の役割や責任を果たす」という道徳的価値について

の理解を基に,自己を見つめ,そうした事象が様々な場面にも介在していることに気づかせ,多面的・多角的に考えさせ,人間としての自己の生き方についての考えを深める学習を通して,「自分の役割や責任を果たす」ことにより,それらの問題が解決できるのだということが学ばれるのです。

そこでは,「自分の役割や責任は果たすべきだ」「果たしたい」と自分自身のこれからの問題として自覚され,様々な事象に当てはめても考えることができるようになるというのが道徳科の学習ということです。したがって,学習の入り口は多様なものが考えられるということです。

そこから道徳的問題であり自分の問題として捉えられ,自分自身に対する問いが生じ,前述したような道徳的な解決が図られる学習が行われるということです。

「報告」等においては,道徳科における「問題解決的な学習」での問題の態様として,次のようなものを一部提示しています。

---

①道徳的諸価値が実現されていないことに起因する問題
②道徳的諸価値について理解が不十分又は誤解していることから生じる問題
③道徳的諸価値のことは理解しているが,それを実現しようとする自分とそうできない自分との葛藤から生じる問題
④複数の道徳的価値の間の対立から生じる問題

身近な問題や現代的な課題,あるいは教材等の中に描かれた上記①〜④のような問題について,あくまでも道徳的価値との関連からその解決について考えさせる学習活動を,今後ともより効果的なものへと工夫・改善したいものです。

なお,平成28年12月21日に示された中央教育審議会答申の中では,道徳科における「問題解決的な学習」は,「様々な道徳的諸価値に関わる問題や課題を主体的に解決する学習」というように,より具体的かつ明確な説明を冠

した学習活動名として紹介されています。

4 道徳科において「問題解決的な学習」に取り組む上で留意すべきこと

　前述の道徳科における「問題解決的な学習」の具備すべき基本的要件（p.32）は、①〜④までのどれか一つでも欠ける学習は、道徳科における「問題解決的な学習」とはなりえないということを確認しておきましょう。

　なぜならば、道徳科における「問題解決的な学習」は、そもそもそれ自体が目的化されるべきものではなく、あくまでも道徳科の目標及びそれぞれの時間のねらいの実現に効果的な学習方法となりえるものの一つであるということです。

　学習指導要領の「問題解決的な学習」について規定している部分は前述（p.31）のとおりですが、波線を付した文言によって、留意すべき事柄として繰り返し押さえられていることを改めて確認しておきましょう。

　しかしながら、必要以上に抑制的・固定的になってはなりません。道徳科での学習が、真に効果が期待される多様な指導方法の工夫により、一人一人の生徒にとって、より豊かな道徳性への確かな学びとして結実するように日々努めたいものです。

道徳教育・道徳科における評価

1 道徳教育・道徳科における評価の基本的な考え方

各教科等における評価について,学習指導要領「第1章　総則」の「第3　教育課程の実施と学習評価」の「2　学習評価の充実」には,

> 生徒のよい点や進歩の状況などを積極的に評価し,学習したことの意義や価値を実感できるようにすること。また,各教科等の目標の実現に向けた学習状況を把握する観点から,単元や題材などの内容や時間のまとまりを見通しながら評価の場面や方法を工夫して,学習の過程や成果を評価し,指導の改善や学習意欲の向上を図り,資質・能力の育成に生かすようにすること

と示されています。

道徳教育・道徳科における評価においても,以上のことは基盤となる考え方です。生徒一人一人について,他者と比較するという視点からではなく,その子自身のよさや可能性といった多様な側面からその変容,進歩の様子を見取り,学期や年間を通してどのように成長したかという視点から評価していこうとする考え方が大切です。

また,学校における生徒の学習活動を含む取組に関する評価というものは,生徒にとっては自分の学習や成長を振り返る契機となるものであり,自らの成長を実感し意欲の向上につなげていくものです。そして,教師にとっては指導の目標や計画,指導方法等を改善・充実する手掛かりとなるものです。

したがって，学校の教育活動全体を通じて行う道徳教育の場面であろうと道徳科の授業場面であろうと，そこでの評価の取組やその内容が，効果的に指導に生かされ，生徒の学習意欲を高め，より深い学習や道徳教育・道徳科の目標である道徳性の育成すなわち道徳的成長につながることが求められています。

2 道徳教育・道徳科における評価の対象

学校の教育活動全体を通じて行う道徳教育における評価
①生徒に対する評価

　学校の教育活動全体を通じて行う，道徳教育において養われる生徒の道徳性に係る成長の様子については，

> 　教師が生徒一人一人の人間的な成長を見守り，生徒自身の自己のよりよい生き方を求めていく努力を評価し，それを勇気付ける働きをもつようにすることが求められる。そして，それは教師と生徒の温かな人格的な触れ合いに基づいて，共感的に理解されるべきものである（「解説」）

とする認識に立った評価が求められます。

　その評価の内容は，指導要録においては，「各教科，道徳，外国語活動，総合的な学習の時間，特別活動やその他学校教育全体にわたって認められる」生徒の具体的な行動に関する「行動の記録」の一つの要素として位置付けられるものであり，「総合所見及び指導上参考となる諸事項」の欄に記述されることとなります。各学校における通知表等においては，一般的には「総合所見」等の欄に記述されることが考えられます。

②教育活動全体を通じて行う道徳教育の取組に対する評価

　各学校においては，

> 　教育の目的や目標の実現に必要な教育の内容等を教科等横断的な視点で組み立てていくこと，教育課程の実施状況を評価してその改善を図っていくこと，教育課程の実施に必要な人的又は物的な体制を確保するとともにその改善を図っていくことなどを通して，教育課程に基づき組織的かつ計画的に各学校の教育活動の質の向上を図っていく（学習指導要領　総則）

という，いわゆる「カリキュラム・マネジメント」に努めることが求められています。

　学校の教育活動全体を通じて行う道徳教育においても，そうした考え方のもとに，道徳教育の全体計画やその別葉等の諸計画の実効的な活用を図り，各教科等の特質を生かした道徳教育の質の向上につながる評価を，学校評価とも関連付けながら進めていくことが大切です。その際，家庭や地域社会との連携及び協働と校種間の連携といった視点も重要となります。

道徳科における評価

①生徒に対する評価

　基本的な考え方や具体的な方法等については後述しますが，評価の内容は，指導要録においては，「特別の教科　道徳」の「学習状況及び道徳性に係る成長の様子」の欄に記述されることとなります。各学校における通知表等においても，一般的には，「特別の教科　道徳」の「学習の様子」等の欄に記述されることが考えられます。

②授業に対する評価

　基本的な考え方や具体的な方法等については後述します。

3 道徳性の育成という道徳科の目標を踏まえた評価

　道徳科の目標は，端的に言えば「道徳的な判断力，心情，実践意欲と態度」を諸様相とする内面的資質としての道徳性を育成することです。道徳性とは，「人間としてよりよく生きようとする人格的特性」(「解説」)でもあります。

　そうした道徳性に係る成長の様子を継続的に把握し，指導に生かすよう努める評価の基盤は，「教師と生徒との人格的な触れ合いによる共感的な理解が存在することが重要」であり，「その上で，生徒の成長を見守り，努力を認めたり，励ましたりすることによって，生徒が自らの成長を実感し，更に意欲的に取り組もうとするきっかけとなるような評価を目指すことが求められる。なお，道徳性は，極めて多様な生徒の人格全体に関わるものであることから，評価に当たっては，個人内の成長の過程を重視すべきである」と「解説」の中で説明しています。

　以上のような，道徳性の育成という目標を踏まえた道徳科における評価の基本的態度は，その学習状況の把握と評価においても同様に求められているものです。加えて，指導と評価の一体化という考え方に立ち「明確な意図をもって指導の計画を立て，授業の中で予想される具体的な生徒の学習状況を想定し，授業の振り返りの観点を立てることが重要」となります。

　また，道徳科における評価においては，他者との比較ではなく生徒一人一人がもつよい点や可能性などの多様な側面，進歩の様子などを把握し，学期や学年にわたってどのように成長したかという視点を大切にすることが重要です。

　そして，それぞれの時間における指導のねらいとの関わりにおいて，生徒の学習状況や道徳性に係る成長の様子を様々な方法で捉え，それによって自らの指導を評価するとともに，指導方法などの改善・充実に努めることが大切です。

なお,「報告」では,「観点別評価(学習状況を分析的に捉える)を通じて見取ろうとすることは,児童生徒の人格そのものに働きかけ,道徳性を養うことを目的とする道徳科の評価としては,妥当ではない」「個々の内容項目ごとではなく,大くくりなまとまりを踏まえた評価とする」「他の児童生徒との比較による評価ではなく,児童生徒がいかに成長したかを積極的に受け止めて認め,励ます個人内評価として記述式で行う」「一人一人の児童生徒の学習状況や道徳性に係る成長の様子について,特に顕著と認められる具体的な状況を記述する」ことなどが示されています。

以上の「報告」の内容も踏まえてまとめられた「解説」に示されている道徳科における評価の基本的な考え方を整理すると次のとおりです。

・道徳性の諸様相である道徳的な判断力,心情,実践意欲と態度のそれぞれについて分節し,学習状況を分析的に捉える観点別評価を通じて見取ろうとすることは,生徒の人格そのものに働きかけ,道徳性を養うことを目標とする道徳科の評価としては,妥当ではない。

・生徒に考えさせることを明確にして,「道徳的諸価値についての理解を基に,自己を見つめ,物事を広い視野から多面的・多角的に考え,人間としての生き方についての考えを深める」という学習活動における生徒の具体的な取組状況を,一定のまとまりの中で,生徒が学習の見通しを立てたり学習したことを振り返ったりする活動を適切に設定しつつ,学習活動全体を通して見取ることが求められる。

・個々の内容項目ごとではなく,大くくりなまとまりを踏まえた評価とする。

・他の生徒との比較による評価ではなく,生徒がいかに成長したかを積極的に受け止めて認め,励ます個人内評価として記述式で行う。

4 道徳科の特質を踏まえた評価

学習指導要領では,道徳科の評価について,

> 生徒の学習状況や道徳性に係る成長の様子を継続的に把握し,指導に生かすよう努める必要がある。ただし,数値などによる評価は行わないものとする

と規定しています。

道徳科において育成しようとしている道徳性は,人格の全体に関わるものであり,数値等によって不用意に評価すべきではないことを共通理解しておくことが大切です。

道徳科における評価をより効果的なものにするためには,今回加えられた「学習状況」というものについて,道徳科の特質を踏まえて正しく理解し,その評価に取り組むことが重要です。

「学習状況」の評価とは,一般的には「学習の過程や成果」を評価することであり,生徒の学習活動への取組状況とそこでの学びの内容をどのように把握し,評価するのかが問われます。したがって,基本的な前提として,道徳科に求められている学習活動がどのようなものなのかということが正しく共通理解されていなければなりません。

学習指導要領において,道徳科の目標は「(前略)よりよく生きるための基盤となる道徳性を養うため,道徳的諸価値についての理解を基に,自己を見つめ,物事を広い視野から多面的・多角的に考え,人間としての生き方についての考えを深める学習を通して,道徳的な判断力,心情,実践意欲と態度を育てる」ことと規定されています。

これは,これまでの「道徳の時間」の目標に比べ,より学習活動の具体的な姿がイメージできるような表現となっています。そうした学習活動を通し

て，よりよく生きていくための資質・能力としての道徳性を育てるという趣旨をより明確化するために，あえて道徳性の諸様相である「道徳的な判断力，心情，実践意欲と態度」を育てるという示し方になっています。

また，そのことを受けて，道徳科における学習指導の特質は，繰り返しになりますが「生徒一人一人が，ねらいに含まれる道徳的価値についての理解を基に，自己を見つめ，物事を広い視野から多面的・多角的に考え」「人間としての生き方についての考えを深める学習を通して，内面的資質としての道徳性を主体的に養っていく時間」であり，「生徒が道徳的価値を内面的に自覚できるよう指導方法の工夫に努めなければならない」（「解説」）と示されています。

さらに，学習指導要領の「指導計画の作成と内容の取扱い」には，

> 　生徒が自ら道徳性を養う中で，自らを振り返って成長を実感したり，これからの課題や目標を見付けたりすることができるよう工夫すること。その際，道徳性を養うことの意義について，生徒自らが考え，理解し，主体的に学習に取り組むことができるようにすること

> 　生徒が多様な感じ方や考え方に接する中で，考えを深め，判断し，表現する力などを育むことができるよう，自分の考えを基に討論したり書いたりするなどの言語活動を充実すること。その際，様々な価値観について多面的・多角的な視点から振り返って考える機会を設けるとともに，生徒が多様な見方や考え方に接しながら，更に新しい見方や考え方を生み出していくことができるよう留意すること

が示されています。

各学校においては，以上のような道徳科に求められている学習活動の具体的内容について正しく共通理解し，確実に実践され，協働的な評価の取組が

進められることにより，その後の授業改善に生かされることは，必ずや生徒一人一人の道徳性のより確かな育成に資するものになると考えられます。

5 道徳科における評価の視点と方法及び記述文例

　道徳科における評価に当たっては，学習活動に着目し，年間や学期といった一定の時間的なまとまりの中で，生徒の学習状況や道徳性に係る成長の様子を把握し評価することが求められています。「解説」に示されたその評価の視点例と方法例を整理すると，次のとおりです。なお，あえて評価の「観点」と言わずに「視点」として示されています。このことからも，道徳科においては観点別評価はなじまないということが意識できるとよいでしょう。

視点例
○学習活動において生徒が，道徳的価値やそれらに関わる諸事象について他者の考え方や議論に触れ，自律的に思考する中で，
　・一面的な見方から多面的・多角的な見方へと発展しているか
　・道徳的価値に関わる問題に対する判断の根拠やそのときの心情を様々な視点から捉え考えようとしているか
　・自分と違う立場や感じ方，考え方を理解しようとしているか
　・複数の道徳的価値の対立が生じる場面において取り得る行動を多面的・多角的に考えようとしているか
　・道徳的価値の理解を自分自身との関わりの中で深めているか
　・読み物教材の登場人物を自分に置き換えて考え，自分なりに具体的にイメージして理解しようとしているか
　・現在の自分自身を振り返り，自らの行動や考えを見直しているか
　・道徳的な問題に対して，自己の取り得る行動を他者と議論する中で，道徳的価値の理解を更に深めているか
　・道徳的価値を実現することの難しさを自分のこととして捉え，考えよう

としているか
といった視点を重視することが大切です。

方法例

評価の基本的な方法は観察と言語分析です。したがって，個人内評価を記述で行うに当たっては，その学習活動を踏まえ，発達障害等のある生徒や海外から帰国した生徒，日本語習得に困難のある生徒等を含め，発言が多くなかったり，記述することが苦手であったりする生徒もおり，発言や記述ではない形で表出する生徒の姿に着目することも重要です。

そうした観察や生徒のペアワーク・グループワークや全体での発言，道徳的行為に関する体験的な学習（動作化や役割演技等）での表現，作文やノート・ワークシートなどへの記述を生かすことに加え，質問紙や面接などによる方法を工夫することも考えられます。

評価の記述文例

移行措置期間に通知表等への記述評価を実践されてきた学校での文例を紹介します。

> 「話し合い活動では，積極的に自分の考えを述べるだけではなく，友達の多様な意見を頷きながら聞き，自分の生き方についての考えを深めることができました」（学習状況中心）

> 「教材の中の登場人物の迷いや悩みを自分のことのように捉え，そうした場ではどのように判断するのがよいことなのかを根拠に基づいて積極的に討論していました」（学習状況中心）

「『銀色のシャープペンシル』での学習では，主人公のとった行動の中に，自分との共通部分を見出し，自分のこととして捉えるとともに，共感的に人間理解を深めるも，そのことをよしとしない自分に気付き，自分自身に恥じない誇りある生き方をしたいという思いをもつことができました」

「教材の中の登場人物の生き方から，誠実に生きることを自問自答する姿がみられました。学年末には『自分自身に対しても誠実に生きることが大切だ』と記述するまでになりました」

「真の友情について考えた学習では，皆の意見を参考にしながら深く考え，仲良しだけの関係から，互いを高め合い成長できる関係であるという理解を深め，これからはそうした友達関係をつくっていこうとする意欲がみられました」

「寛容に関する学習では，話合いを通して，自己の不完全さに気付き，他者のよさに目を向けていこうとする発言や記述がみられました」

「『主として人との関わり』に関する学習では，体験を基に自分を深く見つめ，自分とは異なる意見からも学ぼうとする意識をもち，特に相手のことを思いやることの大切さの理解を深め，謙虚な心・広い心で相手を認め，尊重していこうとする意欲の高まりが発言や記述にみられました」

等々です。

　前提として，生徒や保護者に理解できる記述であるとともに，道徳科における評価の趣旨を実現できる評価でなくてはなりません。

　一般的には，「～の学習活動への～といった取組状況のもと，多様な感じ方や考え方の交流を通して，～の観点から～に気付き，～という考え（理解・心情）を深めるとともに，～への憧れを強め，しようとする発言・記述がみられました」等々の表現が考えられます。

　今後，各学校での実践研究の蓄積とその成果を共有化していくことが大切です。

6　道徳科の授業に対する評価

　道徳科の授業に対する評価における基本的な考え方については，

> 　生徒の学習状況の把握を基に授業に関する評価と改善を行う上で，学習指導過程や指導方法を振り返ることは重要である。（中略）明確な意図をもって指導の計画を立て，授業の中で予想される具体的な生徒の学習状況を想定し，授業の振り返りの観点を立てることが重要である。こうした観点をもつことで，指導と評価の一体化が実現することになる（「解説」）

と示されています。

学習指導過程や指導方法に関する評価の観点例

> ア　学習指導過程は，道徳科の特質を生かし，道徳的諸価値の理解を基に自己を見つめ，人間としての生き方について考えを深められるよう適切に構成されていたか。また，指導の手立てはねらいに即した適切

なものとなっていたか。
イ　発問は，生徒が広い視野から多面的・多角的に考えることができる問い，道徳的価値を自分のこととして捉えることができる問いなど，指導の意図に基づいて的確になされていたか。
ウ　生徒の発言を傾聴して受け止め，発問に対する生徒の発言などの反応を，適切に指導に生かしていたか。
エ　自分自身との関わりで，物事を広い視野から多面的・多角的に考えさせるための，教材や教具の活用は適切であったか。
オ　ねらいとする道徳的価値についての理解を深めるための指導方法は，生徒の実態や発達の段階にふさわしいものであったか。
カ　特に配慮を要する生徒に適切に対応していたか。　　　（「解説」）

　また，道徳科においては，生徒が「自己を見つめ」「広い視野から多面的・多角的に」考える学習活動の中で，その時間のねらいに含まれる「道徳的価値の理解」と「人間としての生き方についての考え」を，相互に関連付けることによって，より深い理解や考えとなっていきます。こうした学習における生徒一人一人の姿を把握していくことが，学習状況に着目した評価となります。
　次のような「学級掲示」にみられるような，道徳科における学習の方法知を生徒に身に着けさせようとする実践事例は，質の高い学習指導・授業づくりや道徳科における評価の取組への参考となるものです。

道徳科での学習のポイント
「次のようなことに触れながら『考える』『語る』『記述する』こと!!」

○めあて・学習課題　○登場人物と重ね，比較したこと
○根拠・理由　○これまでの自分の生き方　○これからの自分の生き方
○具体例　○他の人の考え　○自分の考えなどの変化

7 道徳科における評価をより充実したものにするために今少し取り組んでおきたい事項

　1点目は，障害のあるなしに関わらず，発言が多くない，あるいは考えたことなどを文章記述することが苦手な生徒における学習指導や評価の在り方について共通理解を深め，取組を共有化しておきたいということです。

　それぞれの困難さ等に対応した学習指導を工夫しつつ，発言や記述にのみ頼るのではなく，それ以外の形で表出される姿等に着目することも大切です。

　例えば，教師の話や他の生徒の発言やその時の様子に注目している姿，あるいはネームプレートや心情円板等による言葉以外での内面の表現もしっかりと捉え，「相手の意見を取り入れつつ自分の考えを深めているか」「より多面的・多角的な見方へ発展させているか」「自分事として捉えているか」といった，それぞれの生徒に応じた視点をもちつつ，丁寧に見取る必要があります。

　「報告」の別紙4「発達障害等のある児童生徒に対する道徳科の指導について」に示された内容は，まさしくユニバーサルデザインとして学校全体で共有しておくことが大切です。道徳性に関する見取りの基本的な方法は，観察と言語分析であり，その効果的な方法を開発・共有していきたいものです。

　2点目は，道徳科の趣旨を踏まえた，「主体的・対話的で深い学び」の実現に資するようなノートの開発・活用やワークシートのファイル化の促進です。評価活動における活用はもとより，生徒の学習の深まりや振り返り等での効果が期待できます。

　3点目は，道徳科における記述による評価に対する生徒・保護者の受け止めをアンケート等で把握して，評価の質的向上に生かすことです。

　4点目は，より信頼性・妥当性のある評価となるよう，組織的な体制を整え，協働的（複数教員による複眼的な）実践の蓄積と共有・検証を進めていくことです。

第2章

「考え,議論する」道徳の授業づくりの基礎基本

第2章

「道徳の内容」を研究する

1 内容の捉え方

　道徳科の内容は，学習指導要領において「学校の教育活動全体を通じて行う道徳教育の要である道徳科においては，以下に示す項目について扱う」とあり，四つの視点別に22の内容項目として示されています。（本書64～65ページ参照）

　ここに示されている内容項目は，中学校での３年間を通じて，生徒が一人の人間として他者とともによりよく生きていく上で学ぶことが必要と考えられる道徳的価値を含む内容を，平易な短い文として表したものです。

　ここでいう道徳的価値とは，人間がこの世の中で他者と共によりよく生きていくために必要とされるものであり，人間としての在り方や生き方の礎ともなるものです。

　そうした道徳的価値の中から，中学生という青年前期に当たる発達の段階を考慮して，生徒一人一人が自らの道徳的価値観を形成する上で必要なものを内容項目として示しています。

　それらは，やがて自らの人生観や世界観を模索し確立する基礎を培う高等学校での学びにつながるものでもあります。道徳教育・道徳科で育もうとしている道徳性は，こうした道徳的諸価値が一人一人の内面において，その人なりに統合され構造化されたものと考えられます。

　また，繰り返し述べていることですが，各内容項目は，「教師と生徒が人間としてのよりよい生き方を求め，共に考え，共に語り合い，その実行に努めるための共通の課題である」「学習指導要領解説　特別の教科　道徳編」

(以下,「解説」)という認識に立ち,その授業づくりに取り組むことが大切です。

なお,各内容項目は「～すること」といったような文末表現として示されています。ここに示されている「こと」は,願望や命令を意図した終助詞としてのものではなく,「～ということ」といった意味合いで捉える方がよいでしょう。

したがって,道徳科の時間では,内容項目として示されたそれぞれの「～ということ」に関して,ある教材を基に自らの体験・経験を踏まえ,他の人の感じ方・考え方や多様な価値観との交流を通じて,改めて何かを感じたり,考えを深めたりしながら,道徳的価値の理解を人間理解や他者理解そして自己理解とともに深め,生徒一人一人が自らの人間としての生き方についての自覚を深めていけるような授業づくりが求められています。

2 内容の取扱い方

道徳の内容の取扱いについては,学習指導要領において「第2に示す内容項目について,各学年において全て取り上げることとする。その際,生徒や学校の実態に応じ,3学年間を見通した重点的な指導や内容項目間の関連を密にした指導,一つの内容項目を複数の時間で扱う指導を取り入れるなどの工夫」を求めています。

道徳科の授業づくりに向け,道徳の内容項目の取扱いについて,その基礎基本を整理すると次のようになります。

---

①道徳の内容項目は,各学年において全て取り上げる
　中学校における道徳の内容,すなわち四つの視点A・B・C・Dの22の内容項目は,3学年のどの学年においても全て取り上げなければならない。

---

②重点的指導を工夫する

　各学校においては，学校や地域の実態，特に生徒の実態を十分に考慮して，重点的に指導する必要のある内容項目を考えて重点目標を設定することが求められる。そこでは，重点項目についての扱いを工夫する必要がある。例えば，その内容項目を扱う授業時数を年間を通じて多く設定することや複数時間扱いの授業を設定するといった取組が考えられる。

③関連性をもたせる

　学校や生徒の実態に即して，各内容項目間の関連性を考慮しながら，関連付けることによってより効果的な学習となると判断される場合は，そうした工夫をすることが求められる。その際，必ずしも１時間の授業で扱う内容項目は一つに限るということではない。

　しかしながら，通常50分の授業であれもこれもといった複数の内容項目を設定したとして，各内容項目に関する学習が，それほど深い学びになるとは考えられない。

　したがって，基本的には１時間１内容項目としておいて，近接した時間に関連の深い内容項目に関する授業を設定することを考えたい。全ての内容項目が，生徒一人一人の中で調和的に関わり合いながら学ばれるといった工夫の下に，しっかりとした道徳性全体が育まれるようにしたいものである。

④発展性を考慮する

　学習というものは，すべからくその発展的な学びへの工夫が求められるものである。同じ内容項目を指導する際には，年間を通して発展的な指導となるよう工夫されることはもとより，小学校段階での指導も踏まえつつ，前年度の指導を本年度や次年度の指導の中に発展的に位置付けた授業づくりが求められる。

　そうした取組をより効果的に進めるためには，授業づくりを考えよう

> としているそれぞれの内容項目について，その小学校段階での捉え方・取扱い方を小学校の「学習指導要領解説」での説明内容や校区小学校における授業実践を通して把握・共通理解しておくことが大切である。

　各内容項目に関する「解説」での説明内容を，小・中学校一連のものとしてまとめた冊子を整備し，より計画的・発展的な授業構想が可能となるよう工夫されている学校もあります。少なくとも，小・中学校双方の「解説」を常に見比べられる環境は整えたいものです。
　また，そうした学校では，小・中合同の授業研究や学習指導案・板書事例等の共有化が進められていますが，これもまたより深い学びへとつながる効果的な取組となるものです。

3 「生命の尊さ」に関する内容の研究

「いのち」の教育は道徳性育成の要諦

　道徳の内容は，道徳科における内容だけを示しているものではありません。それは，道徳科の授業を含む教育活動全体を通じて行われる道徳教育の内容を示しているものです。
　したがって，道徳科の授業づくりに向けた道徳の内容に関する研究は，それぞれの道徳的価値を含む内容が，目の前の生徒一人一人にとってどういった意味をもつものなのか，また，それぞれの内容は，生徒の日々の生活や学校での教育活動の中のどのような関わりから意識されたり，考えられたり，学びが深められたりするものなのかといった，生徒の実態に即した「道徳的価値を含む内容観」を明確にしておくことが必要です。
　ここでは，「生命の尊さ」を例に考えてみましょう。
　「生きることのすばらしさを知り，生命を大切にすること」
　「生命の尊さについて，その連続性や有限性なども含めて理解し，かけがえのない生命を尊重すること」

小学校及び中学校学習指導要領に示された道徳の内容項目の一部です。「生命の尊さ」という価値認識は，「生命」そのものに対する認識を前提とするものです。したがって，生徒一人一人の「生命」に対する価値としての認識以前に，存在としての「生命」に対する認識そのものについても検討を加えておく必要があります。

　「生命」を，一般的には「いのち」という表現を用いることで，単なる生物としての「生命」という捉えではなく，より豊かな意味を包含したものとして捉えていることが示されますが，ここでもそうした「いのち」として考えていきたいと思います。

　また，「生命」の英訳は「Life」となりますが，「Life」には「生活」という意味もあります。さらにはその日々の「生活」が連なってやがて「人生」となるわけで，そうした「人生」をも意味しています。

　「生命の尊さ」という道徳の内容を考えるときは，その前提となる「生命」とはいったいどういうものなのかということを考えることが必要となります。このとき，生物としての生き死にを問題とする「生命」という捉え方だけではなく，まさに「Life」の意味する内容に含まれる日々の「生活」や「人生」をも視野に入れた捉え方をすることが大切です。そうした意味を背景にもつ「生命」について考えさせることを通して，その「尊さ」についての考えもより深いものにしていくことができるのです。

　学習指導要領の総則において，道徳教育を進める上では，「人間尊重の精神と生命に対する畏敬の念を家庭，学校，その他社会における具体的な生活の中に生かし」ていくことが求められています。

　考えてみると，道徳教育で扱われる道徳的諸価値も，そこで育もうとする道徳性も，「いのち」が価値あるものとして尊重されること，「生きること」が「是」として，あるいは「喜び」として認識されることを前提として成り立つものではないでしょうか。

　「いのち」の教育，それは「いのち」そのものや「生きる」ということについての教育であるとともに，「生きる」ことを通しての教育であり，まさ

に「生きる」ことさらには「よりよく生きる」ための教育といえるものです。そうした意味においても，「いのち」の教育は，まさに道徳性育成の要諦となるものと言えるでしょう。

「生命の尊さ」に関する計画的・発展的な育み

学習指導要領における「生命の尊さ」にかかわる道徳の内容について，各学校段階・各学年段階別に改めて確認しておきましょう。

【小学校】
［第１学年及び第２学年］
　生きることのすばらしさを知り，生命を大切にすること。
［第３学年及び第４学年］
　生命の尊さを知り，生命あるものを大切にすること。
［第５学年及び第６学年］
　生命が多くの生命のつながりの中にあるかけがえのないものであることを理解し，生命を尊重すること。

【中学校】
　生命の尊さについて，その連続性や有限性なども含めて理解し，かけがえのない生命を尊重すること。

「いのち」にかかわる認識をより豊かなものにするためには，上記各段階はもとより，道徳性の芽生えの時期である幼児段階，さらには高等学校段階までを視野に入れた継続的な取組も重要です。

そこでは，「いのち」にかかわる認識の系統性を意識した取組が，計画的・発展的に展開されることで，より深い学びにつながる実りある成果が得られるでしょう。

そのためには，学校・園のみならず，家庭・地域等での取組，各段階での

取組を相互に把握し，関連させていくことが大切です。

そうした教育活動全体を通じた取組を踏まえつつ，その要となる道徳科での授業づくりにおいて，以下の三つの事柄について押さえておくことが必要です。なお，他の内容項目についても，「いのち」の部分をそれぞれの道徳的価値等に置き換えて考えるとよいでしょう。

> ①自己を深く見つめ，体験や経験を基に自分自身との関わりの中で「いのち」が捉えられるようにすること
> ②「いのち」について，対話的な学習等を生かしながら多面的・多角的な観点から考えを深められるようにすること
> ③「いのち」を自分なりに発展させていくことへの思いや課題が培われ，人間としての自己の生き方についての考えを深められるようにすること

それぞれの生徒の認識能力や心情等の差異に加えて，これまでの「いのち」にかかわる体験や学習経験の違いが，「いのち」に対する認識そして自覚の有り様を規定しているはずです。

そうした生徒一人一人のレディネスを把握した上で，「いのち」についての認識をより豊かなものとし，「生命の尊さ」という価値及びそれに基づいた人間としての生き方についての自覚を深め，道徳性（≒道徳的実践力）を育成するためには，生徒たちに対して上記三つの事柄からのアプローチを大切にするとよいでしょう。

次に，「いのち」についての認識をより豊かなものにするために，「いのち」を認識する（捉える）観点のいくつかを例示してみます。これらは，生徒一人一人に「いのち」について多面的・多角的に考えさせようとする上での観点となるものです。

また，「生命の尊さ」をねらいに含む道徳科の授業を構想する上で，教科書にある教材の効果的な活用や新たな教材開発，中心発問等の設定をしてい

くための重要な観点ともなるものです。

「いのち」についての多面的観点による授業構想

①特殊性・偶然性

目の前にいるAさんもBさんも、そして飼っている犬のタローも、過去どれ程遡っても存在してはいないし、これから先も誕生することはない存在であり、銀河系の外に飛び出しても出会えるはずのない存在だということを、生徒一人一人にどう認識できるようにするか。

何億分の一の確率による誕生なのかは、保健体育科等の授業の中で学習される内容でもあり、そうした学習と関連付ける工夫も大切である。また、この「いのち」についての特殊性という観点は、次に示す有限性という観点と共に、人権教育を進めるうえにおいても、「いのち」に対する認識の重要な観点と言えるものである。

②有限性・一回性・非可逆性

生きとし生けるものには、必ず死が訪れるという真理をどう認識できるようにするか。中学生であれば、当然のごとく認識されている内容と思われがちであるが、身近な人や動物の死に接することも少なく、バーチャルな世界に遊ぶ機会の多い今日の生徒には、実感を伴わない言葉だけの理解にとどまっていることも考えられる。

死は確実に訪れるということとともに、再生はできず、しかもその死がいつ訪れるかも不可知であるという真実にも気付かせる中で、悲観的な「いのち観」ではなく、より充実した生への意欲を高める工夫を図りたい。

③連続（連綿）性・関係性

他のいかなるものとも関わりをもたず、単独で成立している「いの

ち」などというものは，どこにも存在していないということをどう認識できるようにするか。受け継がれ，受け継がれ，そして次へ次へと引き継がれていく「いのち」。支え，支えられて生き，生かされている「いのち」という認識を，実感を伴うかたちで深めたいものである。

　そのためにも，例えば具体的な人間間のつながりに対する認識や他の「いのち」を「いただく」ことで自らの「いのち」が維持されているという自然界の宿命的摂理への認識を深めながら，生きることの意味を一人一人の生徒自らに問わせたい。そのような授業を工夫したいものである。生徒に各自の弁当の中身を確認させ，生涯を通じて「いただく」他の「いのち」を意識させることを導入として工夫された授業実践もあった。

④普遍性・共通性・平等性
　一つ一つの「いのち」は，唯一無二なる特殊な存在であるとする認識とともに，それらは遍く与えられた「いのち」（個々のいのちそれ自体は，自らの誕生を決定できない）であって，その価値は共通かつ平等なものとして論じられなければならないということをどう認識できるようにするか。

　人権教育における具体的な実践の中で，ときに，「同じ（等しい）ですね」と「違い（異なり）ますね」が繰り返されることが重要な意味をもつ学習場面がある。「いのち」についてのより豊かな認識，より深い学びを成立させるためにも，同様の工夫を考えたい。

　飛べなくなった鳥を治療しようとしていた獣医が，治すことのできない状態と判断し，苦渋に満ちた表情で，「この鳥のために，安らかに死なせてあげよう」と主人公の少年に告げる。少年は，何とか生かして欲しいという思いを伝えるが，「それは，君のエゴではないか」とたしなめる獣医の言葉や苦しそうにしている鳥を目の前にして，深く思い悩む。家に帰り，母親に相談をするのだが……。

そんな教材が提示され，学級の生徒の考えも割れた。その鳥にとって，残された「いのち」の時間はどうあればよいのか，どう過ごせるようにすることがよいのか，生徒一人一人の真剣に考える姿が見られた。やがて，各自の判断を，ネームプレートを黒板に貼ることで示し，様々な受け止めや，こうすればよいのではないかとする意見がその判断根拠と共に交わされた。そこには，十分な時間を設定するといった工夫もみられた。

　そして，ある生徒の言葉が，この時間をより深いものへと導いていく。「それなら，障害のある人は生きていけないということなのか」教室を一瞬沈黙が支配した。しばらくして，「いのち」のもつ普遍性・共通性・平等性の観点からの発言も多くみられるようになった。生きるものの生活や居場所の保障にまで言及する生徒もでてきた。生きている（生かされている）ということそれ自体の尊厳性，そして，「いのち」の質だけではなく，「生活」の質にまで観点が広がったということであろうか。平素の道徳教育や人権教育の取組が，そこには生きている。

　安楽死や尊厳死といったような生命倫理上の課題がかかわってくる内容でもあり，ある意味，慎重に取り扱われる必要はあろうが，「いのち」についてより深く考える必然性が，その生徒一人一人の中にはあった。「生命の質（QOL）」と「生命の尊厳（SOL）」といった言葉は知らなくても，「いのち」についての主体的な深い思考が，「いのち」についての認識をより豊かなものにしていくのである。

　また，教材に提示された「鳥」から「人間」へという思考対象の広がりは，授業の構想段階で織り込み済みのことではあろう。しかしながら，当然のこととして，指導に当たっては，人間の「いのち」のみならず身近な動植物をはじめ生きとし生けるものすべてについて，その「いのち」の普遍性・共通性・平等性について考えさせたい。

⑤精神性・可能性

　人間であるがゆえにもっている，単に生物としての「生き死に」だけではない，「いのち」のもつ精神的・社会的・文化的意味合い，言い換えるならば人格的影響の側面から捉えられるような観点をどう認識できるようにするか。

　最近，生徒が注目している映画やドラマの中にも，そうした情景は多くみられる。例えば，登場人物が死んだ後も，主人公の心の中にずっと生き続けているといったようなものである。生徒においても，こうした受け止めは，「いのち」にかかわる日常的な認識として，その「いのち観」の一部をなすものであろう。しかしながら，その認識を自覚的により深いものとしておくことは大切である。

　例えば，ある人の生前に語られた言葉や書き残したものが，「いのち」として半永久的に存在し続けるであろう可能性について考えさせることは，「いのち」をより豊かなものとして捉えさせることになるであろう。

　また，生徒一人一人の心に残る人物の生前の姿やその生き様が，少なからず自らの生き方に影響を及ぼしているという事実を確認し合う中で，そうした精神的なつながりを可能にする生き方を志向させるきっかけとすることもできよう。

　精神性・可能性を有する「いのち」は，必ずしも人間だけとは限らないのであるが，死した後も，その対象をいつまでも大切に思う心を，生徒一人一人の中にしっかりと育みたいものである。

⑥神秘性

　人間の意識，その力の及ばないところでデザインされている「いのち」のかたち，しくみ，はたらきといったものをどう認識できるようにするか。

　理科の授業で，動物の体のつくりとはたらきについて学習をしているさなか，「体って，本当にうまくつくられているなあ」と感嘆の声を発

した生徒がいた。
　筆者も，なるほどと思いながら，その生徒と顔を見合わせ，思わず頷き返したことがある。他の教科においても，体のしくみやはたらきについて学習する機会はある。「生きていく」ことのために，非常にうまくつくられた体のつくりとはたらきには，大いに驚きを感じて欲しいものである。

⑦**歓喜性**
　日常的には，あまり意識されないであろう「生きている」という実感を，どのような場や機会に，どのように感じとらせられるのか。
　生徒一人一人には，自分は，今まさに生きているんだという実感や生きる喜びを感じてほしいものである。このことこそが，生きようとする意欲の根源となるものであろう。

　「人間尊重の精神」と「生命に対する畏敬の念」を「具体的な生活の中に生かし」ながら，生徒一人一人に豊かな道徳性を育もうとするのが道徳教育・道徳科の授業です。これまで述べてきた「いのち」についての豊かな理解・認識，自覚の深まりなくして，道徳性の育成は考えられません。他の「いのち」とともに，ある意味生かされている自らのかけがえのない「いのち」を，いかに「生かそう」とするのかを自分自身に生涯問い続けることのできる生徒を育んでいきたいものです。
　以上のような道徳の内容に関する研究が，それぞれの内容項目ごとに深められ，共有化されることを通して，より質の高い道徳科の授業が創りだされることになるのです。

内容項目一覧

中学校(22)	
A 主として自分自身に関すること	
(1) 自律の精神を重んじ，自主的に考え，判断し，誠実に実行してその結果に責任をもつこと。	自主，自律，自由と責任
(2) 望ましい生活習慣を身に付け，心身の健康の増進を図り，節度を守り節制に心掛け，安全で調和のある生活をすること。	節度，節制
(3) 自己を見つめ，自己の向上を図るとともに，個性を伸ばして充実した生き方を追求すること。	向上心，個性の伸長
(4) より高い目標を設定し，その達成を目指し，希望と勇気をもち，困難や失敗を乗り越えて着実にやり遂げること。	希望と勇気，克己と強い意志
(5) 真実を大切にし，真理を探究して新しいものを生み出そうと努めること。	真理の探究，創造
B 主として人との関わりに関すること	
(6) 思いやりの心をもって人と接するとともに，家族などの支えや多くの人々の善意により日々の生活や現在の自分があることに感謝し，進んでそれに応え，人間愛の精神を深めること。	思いやり，感謝
(7) 礼儀の意義を理解し，時と場に応じた適切な言動をとること。	礼儀
(8) 友情の尊さを理解して心から信頼できる友達をもち，互いに励まし合い，高め合うとともに，異性についての理解を深め，悩みや葛藤も経験しながら人間関係を深めていくこと。	友情，信頼
(9) 自分の考えや意見を相手に伝えるとともに，それぞれの個性や立場を尊重し，いろいろなものの見方や考え方があることを理解し，寛容の心をもって謙虚に他に学び，自らを高めていくこと。	相互理解，寛容
C 主として集団や社会との関わりに関すること	
(10) 法やきまりの意義を理解し，それらを進んで守るとともに，そのよりよい在り方について考え，自他の権利を大切にし，義務を果たして，規律ある安定した社会の実現に努めること。	遵法精神，公徳心
(11) 正義と公正さを重んじ，誰に対しても公平に接し，差別や偏見のない社会の実現に努めること。	公正，公平，社会正義

(12) 社会参画の意識と社会連帯の自覚を高め，公共の精神をもってよりよい社会の実現に努めること。	社会参画，公共の精神
(13) 勤労の尊さや意義を理解し，将来の生き方について考えを深め，勤労を通じて社会に貢献すること。	勤労
(14) 父母，祖父母を敬愛し，家族の一員としての自覚をもって充実した家庭生活を築くこと。	家族愛，家庭生活の充実
(15) 教師や学校の人々を敬愛し，学級や学校の一員としての自覚をもち，協力し合ってよりよい校風をつくるとともに，様々な集団の意義や集団の中での自分の役割と責任を自覚して集団生活の充実に努めること。	よりよい学校生活，集団生活の充実
(16) 郷土の伝統と文化を大切にし，社会に尽くした先人や高齢者に尊敬の念を深め，地域社会の一員としての自覚をもって郷土を愛し，進んで郷土の発展に努めること。	郷土の伝統と文化の尊重，郷土を愛する態度
(17) 優れた伝統の継承と新しい文化の創造に貢献するとともに，日本人としての自覚をもって国を愛し，国家及び社会の形成者として，その発展に努めること。	我が国の伝統と文化の尊重，国を愛する態度
(18) 世界の中の日本人としての自覚をもち，他国を尊重し，国際的視野に立って，世界の平和と人類の発展に寄与すること。	国際理解，国際貢献
D 主として生命や自然，崇高なものとの関わりに関すること	
(19) 生命の尊さについて，その連続性や有限性なども含めて理解し，かけがえのない生命を尊重すること。	生命の尊さ
(20) 自然の崇高さを知り，自然環境を大切にすることの意義を理解し，進んで自然の愛護に努めること。	自然愛護
(21) 美しいものや気高いものに感動する心をもち，人間の力を超えたものに対する畏敬の念を深めること。	感動，畏敬の念
(22) 人間には自らの弱さや醜さを克服する強さや気高く生きようとする心があることを理解し，人間として生きることに喜びを見いだすこと。	よりよく生きる喜び

第2章

2 教材を活用する

1 教材の条件

　ルイ・アラゴンの詩集『フランスの起床ラッパ』に収められている「ストラスブール大学の歌」第3連の冒頭にある「教えるとは，共に希望を語ることであり，学ぶとは，胸に誠実を刻むことである」という心に響く言葉は，学校の教育活動全体を通じて行う道徳教育の原点をも思い起こさせてくれます。

　その道徳教育の要に位置するのが道徳科の授業であり，授業の輪郭線は「ねらい・教材・生徒」によって描き出されるわけですが，当然ながら焦点化されたねらいと生徒の実態には一定の距離があります。そして，その間を繋ぐための役割を果たすのが教材であり，生徒が主体的・対話的に深く学びながら，ねらいに向けて歩を進めるための媒体でもあります。

　すなわち，一般的に教材とは，教育価値のある本質的内容を含んだ題材・領域であり，興味・関心を持って学習の核心に誘うための素材だと考えることができ，したがって，道徳科におけるそれは，一定の道徳的価値を含む素材・題材が一つの主題に対して適切に位置づけられたものとみることができます。当然，生徒が切実な想いで額に汗して考え，語り合い，聴き合いたくなる具体的内容であると言えるでしょう。

　道徳的価値を含んだその具体的内容は，生徒の道徳的価値の理解に基づく問題意識を顕在化させ，多面的・多角的に思索・探求して互いに共感・感動し，人間としての生き方や人生観を広く深く展望できるものでありたいと思います。そして，こうした意味での真の教材を手がかりにし，それが提供す

る価値的世界と自己の内面とを行き来しながら,調和的な道徳性を養うことが要請されるのです。

　ところで,道徳の教科化に伴って配付される,使用義務を有する主たる教材としての教科書を用いた授業が大半を占めることになりますが,一方で,年間数時間程度は,効果的な教材を開発して併用することも考えられます。その際には,生徒の興味・関心の高さだけに心奪われることなく,道徳科の目標や道徳科の特質,学年ごとの重点目標等を踏まえつつ,「何を考えさせるのか」が浮き彫りとなる教材であることが求められます。

　なお,学習指導要領では,教材の具備すべき条件として,

> ア　生徒の発達の段階に即し,ねらいを達成するのにふさわしいものであること。
> イ　人間尊重の精神にかなうものであって,悩みや葛藤等の心の揺れ,人間関係の理解等の課題も含め,生徒が深く考えることができ,人間としてよりよく生きる喜びや勇気を与えられるものであること。
> ウ　多様な見方や考え方のできる事柄を取り扱う場合には,特定の見方や考え方に偏った取扱いがなされていないものであること。

を挙げており,これらの条件も踏まえて教材と正対する必要があります。

2　教材の機能

　次に,教材の特長を充分に活用して瑞々しい授業にするため,教材の重要な機能として3点に絞って指摘してみます。それは,心を映し出す「内視鏡」,心を磨く「砥石」,心の向かう方角を見定める「展望台」というものです。

内視鏡

　「内視鏡」は，直接には観察しづらい体内や構造物の内部映像を手元で確認する器具で，挿入性や画質性等が要求されます。同様に，道徳科の教材も，そこに含まれる道徳的価値の理解を基にして，自己の内面を鮮やかに照らし省みるという「内視鏡」機能を活かすことで，初めて生徒は自己を深く認識できるのであり，道徳的価値の自覚に向けての通路が開かれると言えます。

砥石

　「砥石」については，硬度や粒度等に関して適切な砥石を選ぶことと，研ぐ対象に応じて研ぎ角や切り出し角，力加減等を勘案し，美しい刃先に磨き上げることが大切です。道徳科においても，生徒の心の姿や発達の段階，特性等を見定めた適切な教材を配置することを前提に，生徒が道徳的価値や自己の生き方に対する現状認識の枠組を剥がし取り，深くて新しい見方や考え方として磨き鍛える「砥石」機能を活かしていく必要があるでしょう。

展望台

　「展望台」は，その高度や眺望範囲はもとより，目的対象の景観や経路の把握まで要求されることもあるでしょう。道徳科の教材についても，それを手掛かりに立ち位置を上昇させ，道徳的価値を実現するために歩んでいこうとする方向を確かめ，将来にわたっての人間としての生き方を見通すという「展望台」機能を活かし，今後出会うであろう様々な場面や状況で，道徳的行為を主体的に選択し得る内面的な身構えを養いたいものです。

3 活用の視点

　さて，これら教材の三機能は，道徳の授業を構想し展開していく上で極めて重要な視点であり，道徳科の目標に照らしても重なる側面が大きいと言えます。すなわち，

> 　よりよく生きるための基盤となる道徳性を養うため，道徳的諸価値についての理解を基に，①自己を見つめ，②物事を広い視野から多面的・多角的に考え，③人間としての生き方についての考えを深める学習を通して，道徳的な判断力，心情，実践意欲と態度を育てる

の下線を付した箇所は，道徳性を養うために必要な学習過程を示しており，とりわけ①～③はそれぞれ，教材の「内視鏡」「砥石」「展望台」機能を活かした学習だと考えられます。

　なお，これらの①～③は，一つの連続した学習過程を示したものではありません。毎時間すべての学習過程を踏む必要があるとも限らず，また，一つの授業の中に同じ過程を質的に深めながら複数回設けたり，逆に三つの機能をはっきりと分けずに重層的に進めたりすることもあります。

　したがって，教材の三機能においても，それぞれが活きる場面を常に模索しながらも，授業のねらいや教材の特質，生徒の実態等に応じて，三つの機能を取捨選択したり，ある機能を繰り返し働かせたりするなど，柔軟で創造的な姿勢で臨むことが求められます。

　ただし，その際，心に留めておかなければならないことは，道徳的価値の理解が前提となっている点です。「内視鏡」機能にせよ，「砥石」機能や「展望台」機能にせよ，それぞれがもっている現時点における自他の価値観，あるいは考え議論する過程で再構築された道徳的価値に照らし，それを反射板にしながら教材の機能を存分に活用していくことが必須です。

　また，「解説」では，道徳科における内容の基本的性格として，「教師と生徒が人間としてのよりよい生き方を求め，共に考え，共に語り合い，その実行に努めるための共通の課題である」としています。したがって，それを具現化・具体化した道徳科の教材においても，当然共に学び共に歩んでいくという「倶学倶進」の基本精神を大切にした学習を保障しながら三つの機能が発揮されなければなりません。

4 活用の実際

　『石段の思い出』という古典的教材があります。児童文学者であった吉野源三郎が、山本有三の依頼で執筆した『君たちはどう生きるか』に収められた一編で、文部省が昭和39年に編集した指導資料『中学校　道徳の指導資料　第1集　2学年』にも提示されています。

　私などは、しばしば、『君たちはどう生きるか』にある『勇ましい友～アブラゲ事件～』や『雪の日に』も他の道徳授業で扱った上で取り組みましたし、とりわけ『勇ましい友』は、弱い立場の浦川くんに対する卑劣な行いを描いた場面であり、浦川くんの悲しみと悔しさを深く受け止め、正義と勇気の意義と意味を考えたものです。

　いずれにしても、『石段の思い出』は、ゆったりと流れるような名文で綴られています。潤いある文脈は自然かつ簡単明瞭で、中学生に難解な表現や語句はなく、国語的意味での躓きはありません。しかし、道徳的意味を読み込み熟慮する上で、躓き立ち止まるべき箇所は数多くあります。

　例を挙げますと、「妙に心に残った」、「何かきまりの悪いような気がした」、「その顔を今でもちゃんと覚えている」、「後悔はしたけれど、生きていく上で肝心なことを一つ覚えた」、「人の親切というものが、ほんとに分かり始めたのも、やっぱりそれからでした」等々です。

　こうした切り口に教材分析の意識を向け、教材の三機能が効果的に働く可能性を探って、生徒が主体的に「額に汗して考え込まざるを得ない」発問を構想し得たとき、教材が象徴する他者世界の道徳的意味・人間的意味の追求をすることができるのであり、ひいては真の教材である自分自身の内面に、発見と感動を伴って肉薄することができるでしょう。

　さて、次の写真は「反省と向上」を主題とした『石段の思い出』の板書例です。板書は、教材をどう活用し授業展開したかを示す思考の軌跡ですから、この板書を手掛かりに教材活用の視点を具体的に再確認してみます。

「考え,議論する」道徳の授業づくりの基礎基本

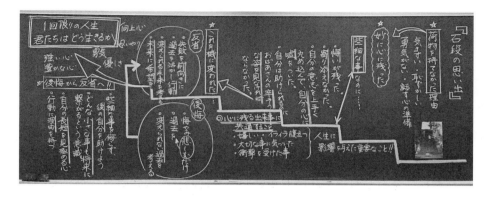

　まず,「内視鏡」機能として,些細な出来事にもかかわらず「妙に心に残った」理由に着眼しました。心に刻み込んだ理由を,一般の心に残る出来事に共通する点とも対照しながら考え,お母さんの心根の清らかさや美しさを通して「反省・後悔」の内実を,そして自己の内面を,多面的・多角的に照らし見たのです。

　次に,「砥石」機能として,真摯な姿勢で「石段の思い出」を反省・反芻し,大切な出来事として心に留め,「人生は一回限り」を胸に刻んだお母さんの素晴らしさを確かめました。また,その過程では,「後悔」と「反省」の相違点を自己の生活経験や級友の見方や考え方を顧みながら議論することを通して,自分なりの納得解を磨き鍛えたのです。

　最後は,「展望台」機能として,「後悔を反省に変え,綺麗な心をしっかり生かすには,何を心掛ければよいか」と問いました。終末の感想では,「お母さんが登っていたのは人生の階段だと思う。思い出や経験を一段一段積み重ね,ときどき反省し,些細なことにも真心を込めて行動すれば,次に繋がる気がした」等の深い考えがみられ,人間としての自己の人生観をかたどっていく際の視点を一つ手にしたのです。

　このように,教材を活用する視点は多岐多様ですが,「内視鏡」・「砥石」・「展望台」といった教材の機能面を意識するだけで,どのような教材にもあまねく通ずる基本的な視点を得ることができるのです。

5 教材の特徴

　最後に，いわゆる「身近な教材」というものについて，触れておきます。時折，若い先生方から「生徒の生活実態に近い教材でなければ，活発な授業にはならないのではないか」といった質問を受けます。もしこれが事実だとすると，生徒作文や学校・家庭での出来事を扱った題材等が活発な授業に繋がることになります。

　しかし，身近な例であればあるほど，教材の登場人物が現実の級友と重なったり，あるいは僅かな条件の違いが教材と現実との狭間で思考を混乱させたりして，いらぬ配慮や要素が絡み合って，その教材の世界に浸り切って考えることが難しくなることもあります。ましてや，授業のねらいへ向かって着実に前進するという質的な意味での活発な議論は，遠のきこそすれ，近づくことは限られた場面だけでしょう。

　こうした教材は生活実態に近いが故に，却って授業のねらいに肉薄するには遠い位置にある教材と言えます。生徒の実態という場合，生活実態もさることながら，より重要なのは「心の実態」です。このことは，印象に残った教材について，定期的に生徒アンケートをしてみるとはっきりします。

　例えば，貝塚市立第五中学校の研究報告『道徳科の効果的な指導と評価～「価値認識」「自己認識」「自己展望」を基壇にして～』（平成29年）では，教材をよかったと思った生徒が9割を超えたものとして，『いつわりのバイオリン』，『たった一つのたからもの』，『ネパールのビール』が挙がっており，8割を超えた教材には『あるピエロの物語』，『カーテンの向こう』，『キミばあちゃんの椿』，『スーホの白い馬』，『テーブルの上の卵焼き』，『ハインツの苦しみ』，『ペルーは泣いている』，『みんなに合わせる友情』，『むかで競走』，『やべちに学ぶ』，『一杯のかけそば』，『家族の絆』，『海と空―樫野の人々―』，『魚の目』が示されています。

　また，同校では平成24年の卒業式前に，3年間で扱った全ての資料名を提

示した上で，印象に残っている授業を最大10個まで選択させています。もちろん，その結果は，授業からの時間経過が少ない中学３年で扱った資料が選ばれやすい傾向にありますが，しかし，上位のものを挙げてみますと，選択率49％の『石段の思い出』，35％の『いつわりのバイオリン』および『トマトとメロン』，29％の『ブラックジャック』，27％の『ドナーカード』，26％の『路上に散った正義感』，22％の『一杯のかけそば』および『スーホの白い馬』，19％の『バンドウイルカのフジ』などとなっているのです。

　大阪教育大学附属天王寺中学校での調査でも，『石段の思い出』，『アイツ』，『おばあちゃんの指定席』のような日常の延長線上にある場面を描いた人気の教材が存在する一方で，『足袋の季節』，『鈴の鳴る道』，『たった一つのたからもの』，『ネパールのビール』，『一杯のかけそば』，『いつわりのバイオリン』，『花さき山』など，生徒の生活実態から離れた舞台や世界を描いた教材にも人気が集まっていました。

　このように，教材に対する評価は，日常生活への遠近だけを物差しにした思い込みに基づくのではなく，上の調査のような中学生の生の声にも耳を傾けながら，実際の授業実践を真摯に見つめ返すことで，初めて根拠のある正しさをもって行えるのだろうと思います。

　すなわち，よい教材というものを考える際に熟慮すべき事は，生活実態への遠近というよりもむしろ，授業のねらいへの遠近だということです。教材が生徒の日常場面を活写しているかどうかが重要なのではなく，生徒の心の実態に照らして人間としての自己の生き方を熟慮黙考せざるを得ない道徳的問題に直面させられるかどうかが，生徒の心の琴線に触れる教材か否かを決するのです。道徳教材の特徴は，「近くて遠い，遠くて近い」と逆説的に表現されることがありますが，まさに言い得て妙です。

　いずれにせよ，教材が描く人間の生き方に照らして，生徒自らが来し方を見つめ，自己の立脚点を確かめ，根拠と筋道の明確な思考を練り鍛えて，将来展望への道のりを切り拓いていくような身構えを培い，その醸成に資したいものです。

3 発問を考える

1 発問の方向性

　道徳科における発問は，いわゆる「道徳的価値の自覚」を通して「道徳的実践力」を育むためのものだと言えます。また，授業を実践する観点からは，ねらいに肉薄するための各ステージであり，描き出された行為の源泉にある価値観と真摯に向き合うための水先案内役と考えられます。ひいては，生徒が自らの心奥を見透し，磨き鍛え，自己の目指す人間観に立って自分らしい人生を展望するための契機となるものでしょう。

　そこでまず，道徳科の目標から直接の文言としては削除された「道徳的価値の自覚」という，道徳授業の発問を考える上でも避けて通れぬ重要な概念について若干の説明を加えつつ，発問の要諦を明らかにしていきます。

　従前までは，道徳の時間の目標に「道徳的価値及びそれに基づいた人間としての生き方についての自覚を深め，道徳的実践力を育成する」という文言がありました。平成20年の解説では，道徳的価値の自覚を深めるための押さえどころが３点例示されており，簡潔に整理すれば，

> ①道徳的価値について理解し，人間理解や他者理解を深める
> ②自分とのかかわりで道徳的価値をとらえ，自己理解を深める
> ③道徳的価値を自分なりに発展させ，自己や社会の未来に夢や希望をもつ

となります。これらは，改正された道徳科の目標の「道徳的諸価値について

の理解」,「自己を見つめ」,「人間としての生き方についての考えを深める」にそれぞれ符合しており,翻って,教材の三機能にも通底するものです。

したがって,発問づくりの要諦は,教材の中の登場人物の心情や判断を含んだ価値観と出会い,自己の立脚点から級友の多面的・多角的な価値観に共鳴や反発をし,その比較・対比から自己内対話を創発し,新しく思索し吟味し直して自己の生き方・在り方を展望する,ということに尽きるでしょう。

こうした道徳科の発問の方向性を意識しつつ,これまでに考えたことのない視点からの問い,他者の考えを聴きたくなる問い,自己内対話による内省ができる問い,概念を砕いて再構築する問いなど,「額に汗して考え込まざるを得ない」発問を具体的に構想するのです。

2 人権学習と道徳科

基本的に人権教育と道徳教育は重なり合うものですが,ここでは敢えて両者の違い,すなわち「実践」と「実践力」を育成する学習過程・発問群の違いについて,『ぼくの名前呼んで』を共通教材にして確かめてみましょう。

さて,私の考える人権教育の支柱は,「科学的認識」と「感性的認識」にあり,「科学的認識」については,"歴史認識","現実認識","将来展望"の3層構造で捉えています。これは,一定の客観的事実・情報を直視し,現状を把握・考察して,よりよい集団や社会の将来像を見据えて具体的な行為を追求するというもので,論理的・体系的に獲得させることができるでしょう。

一方,「感性的認識」はたった一人の人物を扱ったとしても,深い共感的理解が進めば獲得できるものであり,水準としては"頭で分かる","腹に入る","肌で感じる","骨身に沁みる"の4段階が考えられるのではないでしょうか。

したがって,人権学習の展開例として,
① 「過去から現在に至るまで,聴覚障害,言語障害を持つ方が,どのような物理的・心理的負担を背負ってきたかという過去と現実を知り,その

思いや願いに学ぶ」,
②「資料『ぼくの名前呼んで』を範読し，憤りを覚えた点やその理由について話し合う」,
③「"最高ノ生キ方"に必要な要素として"夢を持つ"，"自立する"等を示し，そのために，個人的・社会的立場から何ができるのかを具体的に学んで，共に手を携えて共生していく決意を持たせる」

といった流れが考えられます。さらに，時間的な余裕があれば，

④「ニコラ・フィリベール監督の映画『音のない世界で』等を活用し，困難を極める日常生活の実態に学ぶ」,
⑤「具体的なコミュニケーションの方法や協力・協働するための技能に関心・意欲をもつ」

等の観点も組み込みたいものです。

一方，道徳授業としての発問ならば，例えば，"涙"というものに焦点化して，

①「せきを切ったように涙をこぼした太郎の気持ち」,
②「父親に泣きながら手話を始めた太郎の気持ち」,
③「再び激しい手話を始めざるを得なかった理由」

を問い，さらに，

④「太郎・父・母の3人の涙は，家族の将来に対して，どのような意味を持つか」,
⑤「"最高ノ生キ方"とは，どのようなものか。また，最高の生き方をするための原動力は何か」

でねらいに迫っていくことができます。

言うまでもなく，人権教育と道徳教育は，一人一人の幸福を希求して行う人間教育の基盤であり，根幹であり，結晶です。生命尊重や社会正義など共通点も数多くみられます。しかし，人権と道徳の授業を安易に混同・融合させ，両方の立場から妥協点の見られる中途半端な発問を準備していては，両者それぞれの授業の質が共に低下し，真の連携・協調も望めません。

同じ基盤に立つという前提で，しかし，人権教育としての授業は，「人間は"かくあらねばならない"」という常識に関わる領域に，道徳科の授業は，「私は"かくありたい"」という良識に関わる領域に比重をかけているのではないでしょうか。

　すなわち，人権教育は，誰もが不合理に不幸な人生とならないための共通基盤「人間らしさ」を，道徳教育は，その人間らしさの上に，一人一人が幸せな人生を切り拓いていくための輝く個性「自分らしさ」を追求するのです。

3　国語科と道徳科〜「氷山の理論」を通して〜

　続いて，国語と道徳との相違点についても触れておきます。外面描写に徹して内面を行間に浮かび上がらせたE・ヘミングウェイは，1932年に「もし作家が自分の書く主題を熟知しているなら，そのすべてを書く必要はない。真実味のある文章から，読者は省略された部分を強く感得できる。動く氷山の威厳は，水面下に隠された八分の七に存するのだ」という「氷山の理論」を提唱しました。

　この理論に基づけば，教材が示す客観的事実の行間や余白を追求するだけでは，ややもすると「読み取り」道徳となりかねず，主題のねらいに包摂された道徳的価値を掘り起こすことが難しくなることもあり得ます。

　例えば，教材『遠い山脈』（杉みき子）の発問「純白の山頂を見たとき，少年は何を感じ取ったか」に対し，国語科でも「神々が宿っている山から畏敬の念（神々しさ）を感じた」と答えることが十分可能なのです。ただし，道徳科であれば，「嫌なことがあっても，素晴らしいものを見て，心を純化させることが，人生には大切だ」といったところまで答えられるでしょう。

　国語科では，文章表現された事柄を基に行間・余白をも追求しながら論を展開するのに対し，道徳科では，行間や余白の追求を重視して自己を見つめ，人生の真実や道徳的価値の感得・自覚を追求しなければならないという相違点を，改めて意識しておく必要がありそうです。

事例『月明かりで見送った夜汽車』

　そこで『月明かりで見送った夜汽車』で確認してみます。一例として「①見送るときのY先生の気持ち」や「②見送られるときのI先生の気持ち」を伏線に、「③暗闇に響いた拍手の対象」や「④胸がジーンとした理由」を問えますが、これだけでは、国語的に読解した場合と大差のない生徒反応となるおそれがあります。

　例えば、発問③に対する反応として予想される「Y先生の深くて温かな心遣い」、「I先生の健闘を陰ながら祈る想い」、「静かで豊かな時間と空間を共有した感動」等は、本教材を国語の授業で扱ったとしても、読解力だけで十分に導きだせるでしょう。

　やはり、本授業の勘所は、ねらいの核心「真の思いやりは、負い目を感じさせない『さりげなさ』にある」点へ肉薄することでしょう。前述の発問群では、「さりげなさ」への着眼は生徒発言に依存しており、ねらい達成の成否は指導者にとって極めて受動的です。

　それは、Y先生が灯りを消した想いや理由に迫る場面が明確には位置づけられていないことによります。

　そこで、具体策として、A「灯りを消して夜汽車を見送る場合」とB「灯りを点滅させてエールを贈る場合」との比較対照を考え、「あなたがY先生ならA・Bのどちらの見送り方を選択するか。また、それを選ぶ理由は何か」と問いました。

こうすれば,「さりげなさ」がもつ干天の慈雨のように染み込んでくる心の恵みに対して,積極的に考え議論する流れが生まれます。教材独自の特長「さりげなさ」に発問の照準を定めることで,新たな発見の伴う授業が実現すると言えるでしょう。

　このように,道徳科では,「読み取り」では応答できない,自らの道徳性に基づいてしか追求できない発問,すなわち,自己の来し方を振り返り,自己の立脚点を確かめ,自己の行く末を展望できる発問が要請されるのです。

4 「比較対照」を促す発問

　上述した発問づくりの基本に留意しながら,中心発問や基本発問,補助発問を練るわけですが,ここでは『足袋の季節』の場合を取り上げ,「比較対照」による生徒発言の全体的なニュアンスの変化を確かめます。

事例『足袋の季節』

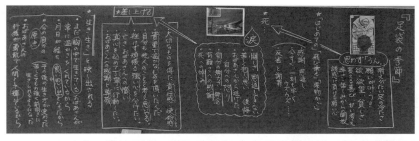

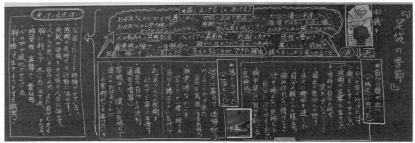

前頁の二つの写真は、上が中学２年を対象とした50分授業、下が中学３年を対象とした60分授業の板書です。
　中３に行った授業では、卒業式直前ということもあり、40人全員に発言させました。当然ながら、記述量の差は歴然としています。ただ、ここで着目したいのは発言内容の質的な違いであり、中３の板書の方が全体として、主人公の人間的な素晴らしさがより強く滲み出ています。
　その原因は、発達の段階の違いもあるでしょうが、発問に「比較対照」の観点を挿入したことが大きいと思われます。実際、中学２年生への授業では、
①「思わず、『うん。』とうなずいてしまった」とあるが、この時に筆者を「うん」と言わしめたものは何か。
②「はじめての月給」「汽車に飛び乗る」「果物かごを手に」には、筆者のどのような思いが込められているか。
③橋のたもとで落とした涙には、何が詰まっていただろうか。
④「誰かに差し上げなければならない」と思ったのは、筆者がどのような考えに到達したからだろうか。
⑤足袋の季節になると、あのおばあさんが、筆者の心の中に「生き生き」と映し出されてくるのはなぜか。
⑥あなたの今後の人生において、筆者の生き方に学びたい点は何か。
と簡潔に問うたのに対し、中学３年生への授業では、
①「おばあさんが死んでいた状況を残念に思った」ではなく、「無性に自分に腹が立ってしようがなかった」のはどうしてか。
②「果物かごを川に落とした」ではなく、「果物かごを川に落としてやった」とある。そこには、筆者のどのような思いが籠もっているか。
③「あのときの目」「ふんばりなさいよの言葉」があったとしても、一方では、それほど気にせず生きていく人もいよう。他方、筆者はそれを生涯の支えとしてきた。この両者の違いは、どこから生じているのだろう。
④筆者は「誰かにあげなければ」ではなく、「誰かに差し上げなければならない」と言っている。それは、どのような考え・思いを持ったからか。

⑤思わず四十銭をかすめとりはしたが，それでもなお，筆者が人間として
　　光っている点は何だろうか。
のように，比較する対象を明瞭にして発問の核心を明確に示したのです。
　表現の差異に着目して比較・対比させれば，その背景に広がる道徳的な
「根拠・理由づけ」と相俟って，人間としての自己の生き方を追求すること
になるのは必然です。
　そして，この「比較対照」の使い道は，教材の表現・語句に着目するだけ
に留まらず，生徒の意見の相違があった場合にも考えられてよいでしょう。
議論の出発点や思考の筋道，さらには目指す方向等に対して自他の考えを比
較対照させるような追求発問・補助発問の可能性は，常に意識されるべきも
のです。

5 重層的な発問

　最後に，「比較対照」，「根拠・理由づけ」以外にも，「言い換え」，「確認・
焦点化」，「立場変更」，「類推・想像」，「条件変更」，「具体例・反例」等の観点
から，考え議論するための重層的な発問を柔軟かつ創造的に構想してみます。
　例えば「言い換え」は，教室内で共有される様々な文字言語・音声言語の
国語的な意味としてではなく，その道徳的な深い意味を考える道筋で自己の
道徳性と直面させることに寄与します。具体的には，教材中の副詞や生徒発
言の形容詞に着目することが多いと思われますが，場合によっては，名詞の
象徴する意味を「確認」し，その道徳的な意義や実現への条件を探る方向へ
議論を「焦点化」させることもあるでしょう。また，行為の結果や限度を「類
推・想像」し，「条件変更」によって価値の転移や拡張を図ることもできます。
　このような観点に基づく重層的な発問を糸口にして，人生の事実から人生
の真実（個別・主体的な想いや判断を基にした主観的な出来事）を見出し，
さらに人生の真実から真理（原理的・普遍的な物事の本質）を見透すような
授業を追い求めたいものです。

板書を工夫する

1 板書の機能

　板書は，ねらいに向かって，生徒にとって「共通の疑問」が芽生え，道徳的思考を練り鍛えていくための「土俵と方角と軌跡」が提供・描写されていることが重要です。また，思考・議論の結果のみならず，思考の足跡が鮮明に蘇る言葉を書き留めておきます。

土俵

　「土俵」としては，例えば，道徳的価値に対する授業開始時の考えの表明や，1時間の中で同一の発問を2回設けた場合の1回目の発言等を書き留めることなどが考えられます。また，ネームプレートやシールを用いて自分の内面的な立ち位置を視覚化する方法も考えられます。

方角

　「方角」は，常にねらいを視界に入れながら，議論での発言を書き留めた板書内容から共通点や対立点を整理し，論点の焦点化・収斂化を図り，どの方向で次なる語り合いを展開するのかを見定めることなどが考えられます。

軌跡

　「軌跡」は，考え議論するための共通の土俵を起点に，教材や他者の多様な見方や自分自身の内なる声に耳を傾け，自己の道徳的思考が練り鍛えられ熟し発酵し変容する道筋を示すものです。

なお，板書計画を練っていく上で，「土俵・方角・軌跡」の機能を形式的に分離させる必要はありません。ここではひとまず分割的・局所的に解説しましたが，考えれば，中心発問と連動する基本発問・補助発問等もねらいを射るための「土俵」であり，中心発問自体もねらいに肉薄するための「土俵」です。また，すべての発問は，ねらいという「方向」性をもっており，発問を通しての遣り取りは思考の「軌跡」を示すものだからです。

2 板書の形式

　「時系列」的な板書は，授業展開に添って黒板の右から左へ書いていく形式が一般的であり，生徒発言を記した板書の中のキーワードや重要な視点にサイドラインを引いて伏線とし，次の基本発問では，すぐ隣の黒板の空いている箇所に，より深まった新たな遣り取りを，視覚的にも関連づけながら書いていきます。黒板の右から左へと，すなわち，Aの議論がBを生み，Bの議論がCを生むというように，思考が深化・洗練されながら次第にねらいへと迫り行く過程が表現できる最も基本的な板書形式であると言えます。

　例えば，『樹齢七千年の杉』の板書は，屋久島で撮影してきた写真と九州地方の最高峰・宮之浦岳のイメージ図は示したものの，基本的には授業における発問の順番で，「時系列」的に右から左へと書き昇っています。椋鳩十は，色紙に好んで「感動は人生の窓を開く」と書きましたが，下の板書も，「時系列」的手法で，感動を呼び，心の窓を開き，ねらいに迫ろうとした一例です。

一方,「構造化」された板書では,生徒の見方や考え方の共通点を近くに書いたり,相違点を対比的に書いたり,あるいはそれらの議論が派生・発展するときの根拠や道筋,さらには導き出された結論をその周辺に書いたりする等,様々な構想や工夫が考えられます。要は,黒板全体として,AとBとCの議論からDが生まれたり,Aの議論からBとCが生まれ,そのBとCを止揚してDが生まれたりするといった,道徳的価値の構造や導き出す過程が「視覚的に分かる」配置を工夫することです。

　例えば,『稲むらの火 余話』は,濱口梧陵の精神・考えを追究することで,感動を通した郷土愛に向けての「心の窓」が開かれる教材ですが,その板書は「構造化」されたものとなっています。すなわち,黒板の左側には1854年の安政南海地震の津波から村人を救った梧陵の素晴らしさが,黒板右側には私財をなげうって「安全安心」「人材育成」等を実現した梧陵の素晴らしさが示されており,この両者の共通点を探ることで,梧陵の郷土広村と広村の人々に対する願いや想いを浮き彫りにしようとしたものです。

3 板書計画

　板書計画は登山計画にも似て,重要で楽しいものです。それは,他の教科以上に脇道が多く,それゆえに限りなくクリエイティブだからです。教師はまず,全体構想の中で主題・ねらいを位置づけ,その山頂に達するための洗

練された最高の中心発問を設定しているはずです。併せて，そこに到るべく要所に工夫した充実の基本発問も用意しています。したがって，多様な応答を想定して複眼的に進む道を見通し，これらの発問への応答をどのように練り鍛えて整理するかを思索して，視覚的に美しい１枚の構造図・系統図として板書したとき，生徒にとっても教師にとっても急に視界が開け，人生の真実が見えてくるのではないでしょうか。すなわち，板書計画は，学ぶ価値のある授業づくりへの礎石の一つであり，主題に対する発問の意味と役割を授業の全体像の中で見極めながら作成したいものです。

　例えば，下の写真は『雪の日に』の板書計画のラフスケッチです。しかし，このような殴り書きでも，各授業場面での遣り取りをどの位置に板書するのかをイメージしながら，具体的に発問を関連づけ整理することができるのであり，日常的な計画としては十分に機能します。

　この板書計画の特徴の一つは，主人公の「涙」と裏切ってしまった親友の「涙」を対比的に表現し，未来へ歩んでいくために必要な要素や生きる意味を図示した点にあります。また，授業の核心である「輝きと誇りに満ちた未来に向かって歩んでいく過程においては，どうしても人間としての弱さを克服しようと努力しなければならない時がある」という人生の真実を，視覚的に把握できるよう工夫した形跡が見て取れると思います。

　最後に，教師に対する調査結果[1]からは，板書の技術・技能は，板書写真を一覧にして配付し合い，学校組織としての共通理解が進めば，数か月ほどで獲得可能な性質のものであること，また，「板書」の工夫は，「発問」の良否や「生徒発言」の充実度と相関が認められることを付け加えておきます。

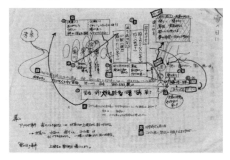

(1) 平成28・29年度 貝塚市立第五中学校 研究報告『道徳科の効果的な指導と評価〜「価値認識」「自己認識」「自己展望」を基壇にして〜』，平成29.10.13

導入や終末にひと手間かける

1 導入の方向性

　教育活動における導入の意図は，学習意欲を喚起し，教材や主題に対する興味・関心を高め，自分らしい生き方を自覚していくスタートラインを提供することにあります。したがって，導入の具体的な方向性としては「授業への導入」，「教材への導入」，「主題への導入」の三つが考えられます。

授業への導入
　「授業への導入」は，授業に興味を抱き集中して授業に参加しようとする学習姿勢を整える目的ですので，道徳の授業論からみて本質的ではありません。しかし，例えば『手品師』の導入で簡単な手品を披露した先生に出会ったことがありますが，児童・生徒の実態によっては授業への導入から入り，それに引き続いて教材や主題への導入に移行するような工夫は考えられてもよいでしょう。実際，その授業では，導入時の手品を楽しむ児童の笑顔や驚きの声を展開段階で活用するという工夫がされていました。

教材への導入
　「教材への導入」は，授業で用いる教材に対する理解を助け，興味をもたせることを目的としています。やはり留意すべき点は，授業の展開段階における生徒の思考や発言を深めることに効果的な導入となるよう工夫することです。
　例えば，『ネパールのビール』では，ネパールの位置や風景について，時

間をかけながら地図や写真で多数紹介するよりも，ネパールの山道の険しさが分かる1枚の写真を，わずかな時間で提示する方がはるかに価値は高いと言えます。

主題への導入

「主題への導入」には，ねらいに対する自己の現時点での見方や考え方を多少なりとも意識させる目的があり，導入の方向性としては最も重視すべきものです。

例えば，主題に関する事前アンケートの結果を提示して展開段階で再度の活用を試みたり，同じ内容項目の授業で書いた自分の感想文を読み直して，自己の立ち位置を確かめたりすることもできます。

具体的な導入例を『エルトゥールル号事件～善の連鎖～』で考えると，人間同士の友情の成立条件をいくつか挙げておき，展開段階ではそれとの比較から，国家間に築かれる友情の特質や，逆に友情一般に共通することなどを追求することもできるでしょう。

なお，これらの三つの導入の方向性は，固定的・形式的に捉えるのではなく，学級集団や教材の性格に応じて，柔軟に組み合わせて活用するような配慮も心掛けておきたいものです。

柔軟に組み合わせた活用例

例えば，『絶やしてはならない―緒方洪庵―』では，大阪市中央区の適塾に隣接した公園にある洪庵像の写真を示し，「当時，天然痘は4割もの人々が罹患しており，毎年人口の1％以上が死亡する原因不明の伝染病だった」ことを伝え，『私たちの道徳』106ページにもある洪庵の言葉「人の命を救い，人々の苦しみを和らげる以外に考えることは何もない」を紹介した上で，この言葉を

聴いての感想を短文で書かせました。

　この例などは，教材と主題の両者に対する導入になっています。なお，本授業の終末には，洪庵の言葉に対する感想を再び書いて導入時のものと比較し，授業を通しての多面的・多角的な視野の広がりを自覚させました。これは，この１時間における生徒の学習状況や変容の一端を捉えるものであり，生徒を認め励ますための評価の視点のみならず，教師自身が自らの授業を評価していく際の観点の一つとしても活かすことができるはずです。

　その他，教材『虎』を用いた授業の場合は，個性を輝かすには継続した粘りと努力が必要なことに気付かせる必要がありますが，それには，思考の出発点として八輔が「本物の虎」に見入る場面は欠かせません。こう考えると，導入段階で，円山應挙の孔雀図・龍図・虎図を見せておき，繊細で写実的な技術をもってしても，本物を知らなければ「猫図」と見紛う絵になることを発見させておくのも一案でしょう。

　斎藤隆介の『花さき山』を用いた２時間授業の第２時の導入では，予め考えていた「自分がされた思いやり行為」と「自分がした思いやり行為」の両者について，思いやり度を５段階評価させ，深い方から「赤・橙・黄・黄緑・緑」を花の絵に着色し模造紙に貼らせました。必然的に「自分への思いやり」による花畑の方が赤く染まったことに気付くと同時に，この違いが生じた理由に対する疑問が生じるというわけです。

2 終末の方向性

　終末の意図は，授業の振り返りや整理を行って学習内容を定着させることにありますが，言うまでもなく，道徳科は知識や技能を理解し定着させるものではないので，他の教科の「まとめ」とは質を異にしています。すなわち，道徳的価値の自覚を深めることを目指して，自己の内面を整理しなければなりません。
　例えば，
　①ねらいに含まれる道徳的価値に対する見方や考え方がどう変容したのかを振り返る
　②新しい発見を促した級友の発言を深く心に留める
　③人間としての自己の生き方を内省し，次なる課題を見出す
　④道徳的価値の実現に向けての展望をもつ
等の視点の下，「教師が説話を行う」「生徒に感想を書かせて発表させる」「BGMを流しながら目を閉じ『秘かなる決意』をもたせる」「教材の登場人物に手紙を書かせる」「格言やことわざを紹介する」などの多様な手法を考えることができます。
　節目の授業においては，一言メッセージや珠玉の名言をラミネートで栞にして配付したり，秘かに保護者からの手紙を準備して読ませたりするなど，普段と一味違う終わり方をするのも意義深いことと思われます。

事例『海と空―樫野の人々―』

　次に，私が最近行った実践から一つの具体例として，『海と空―樫野の人々―』を用いた授業を挙げてみようと思います。これは，先に紹介した『エルトゥールル号事件～善の連鎖～』と同じ素材の教材ですが，主人公を設定して話を展開している点が特徴的で，特に，最後の場面は「『海と空』それが水平線で一つになっていた」との印象深い一文で終わっています。

終末段階には，エルトゥールル号の遭難現場の海の様子を，台風時と普段の日の写真を並べて提示しました。台風時の暗い雨雲と荒れ狂う波濤の写真は，エルトゥールル号の遭難という過去の悲惨な事故を想起させるだけでなく，苦難や危機の象徴という意味合いもあります。一方，普段の日の穏やかな海の写真は，現在の日本とトルコ両国の温かな友好関係をイメージさせます。

平成29.10.22 午前11時 台風接近時 撮影　　　平成23.4.24 午前9時半撮影

　この2枚の写真を見つめながら，改めて教材の最後の一文を読み，過去から現在へ脈々と受け継がれる日本とトルコの友情に思いを馳せながら，本時の感想を書かせました。「海と空の各々の困難を救い合った事が素敵だが，もっと素晴らしいのは，重要な出来事として歴史に刻んだことで，それが一つになった水平線のように国と国を結びつけたんだと思います」「歴史の真実を正しく後世に語り継ぐことで信頼関係が生まれ，互いを尊敬し憧れる想いが国境を越えていくことがわかった」等，私自身が深く感銘を受ける感想がいくつもありました。

3 導入と終末の共通項

　上述してきた通り，導入と終末にはそれぞれ異なる役割・目的があるわけですが，一方，この両者には留意すべき共通項も認められます。最後に，その点について確かめておくことにします。

まず一つには、人間としての自己のよりよい生き方を主体的に追い求めるという授業の基盤が視野に入っている点です。夢や希望を抱きながら、自己を省み、将来を展望することに資するためにも、短時間とはいえ、新たなる自己の問題・課題を発見し対峙することや、実践上の自己の着眼点を見出すことなどを常に意識して活用していく必要があるでしょう。

　二つめは、今日、学習指導の多様な展開が強く要請されていますが、導入や終末にも求められるという点です。例えば、いつも生活経験を振り返ったり、キーワードから連想する事柄を想起したりする導入を行っておき、終末は、授業に対する感想を書かせるだけの画一的・形式的なものに終始するといったことにならないよう工夫したいものです。

　三つめは、導入・展開・終末が密接に連動してこそ、主題のねらいに肉薄できるという点です。当然、導入と終末だけを抜き出しても、明確に呼応しているはずです。すなわち、仮に複数の授業に関する導入、展開、終末が、分離された状態で同時に提示されたとしても、どの導入とどの終末がどの内容項目の下で結びつき、どの展開の導入と終末であるかが明瞭に判断できるということです。

　四つめは、導入も終末も、大抵は5分以内に収めるという点です。的確・簡潔に行うことで、共に考え、共に語り合う時間を展開段階で十分に確保しなければなりません。2時間構成の授業ならまだしも、1時間で行う通常の授業で、例えば、導入に10分間費やすことは、重要な基本発問を一つ削除することを意味するのであり、やはり、授業の全体構成を俯瞰して、各授業場面に重みづけをしなければならないのです。

　「一月三舟」は、同じ月でも北行、停泊、南行の舟では別の動きに見えるとの意ですが、これを時期をずらして3回見直すと解釈すると、案外、導入と終末における自己の内面の違いが明瞭に認識できるかもしれません。あるいは、導入時に直面した自己の課題が質的に変化し、終末時に新たな課題として立ち現れるかもしれません。いずれにしても、心田が豊かに耕され、自己成長したことが実感できるように導入と終末を工夫したいものです。

6 評価を適切に行う

1 道徳科における評価を適切に行うための取組

　新学習指導要領に基づく道徳教育・道徳科における評価について，その基本的な考え方は，本書の第1章の中で説明しています。ここでは，道徳科における適切かつ効果的な評価の取組に向けた具体的実践事例を紹介します。

　なお，教育活動全体を通じて行う道徳教育の取組に対する評価をより組織的，効果的に行うための実践事例としては，別葉を含む道徳教育の全体計画等が全ての教師が常に見て確認できる場所に掲示されているというものがあります。さらにそこでは，掲示された諸計画に随時書き込みができる工夫が為されており，取組の次年度等への改善に向けた教師の意識づくりにも寄与しているようです。

　さて，道徳科の目標は，端的に言えば道徳性を養うことです。「道徳性が養われたか否かは，容易に判断できるものではない」（「解説」）ということを前提としつつも，道徳科においては，その学習活動に着目し，生徒の学習状況（学習の過程や成果）や道徳性に係る成長の様子を，年間や学期といった一定のまとまりの中で把握し評価することが求められています。ここに紹介するのは，個々の内容項目ごとではなく，大くくりなまとまりを踏まえた評価であり，他の生徒との比較による評価ではなく，それぞれの生徒がいかに成長したかを積極的に受け止めて認め，励ます個人内評価としての記述内容をより適切かつ効果的なものにしようとする取組（研修）事例です。

①学習指導要領及び学習指導要領解説の趣旨・内容を踏まえた道徳科における評価の基本的な考え方と具体的な方法及び記述事例（先進校の実践等を

参考にしたもの）について，年度当初に共通理解を深める。
②各学級担任から提出された抽出生徒（1名）の1学期間のノート（ワークシート）への記述内容一覧とその内容を踏まえた「評価記述案」を基にした研究協議の中で，より適切な記述内容への改善を図る。
③長期休業前の三者懇談において，道徳科における評価について説明したプリントを基にその趣旨を説明し，具体的な評価記述の内容を伝える。その際，生徒及び保護者に評価記述の内容に関するアンケートを依頼する。
④アンケートの内容を集約したものを基に研究協議を実施し，その後の評価活動の改善に生かす。

　前頁の下線部に示された道徳科における評価の趣旨が反映されていることによるものだと考えられますが，多くのアンケートが好意的・肯定的な内容であり，教師による細やかな評価への取組を称賛し，感謝する言葉も多くみられました。最初からベストなものをと考えるのではなく，少しずつよりよいものへと組織的・計画的に取り組まれることこそが大切です。そうした取組を通じて，評価の妥当性，信頼性等が担保されていくことになるのです。

　京都市では，以上のような取組（研修）が支部や中学校ブロック内での小中合同研修会等で実施され，教育委員会がその内容・成果を集約したものとして『「特別の教科　道徳」評価について』という小冊子を刊行し，小中学校の教師に配布しています。その中に示された通知票等への「具体的な評価の記述について」の一部を紹介しておきます。

記述評価の一般的構成（評価の記述文例）（要約）
★前半　道徳科の授業でどのような学習活動の様子が見られたか（学習状況）
★後半　発言，記述，パフォーマンス等，顕著な姿が見られた教材の学習でどのような思いや考えを持てたのか／深められたのか（成長の様子）
★前半と後半を合わせて，おおよそ100～150字を目途に簡潔に表現
◇必ずしも上記の例に捉われる必要はない。
◇「児童生徒や保護者に伝わる評価」であることが何より大切である。

2 「道徳授業参観シート」を生かした取組

　これまでの道徳の時間における課題を整理し，これからの道徳科における「授業づくりのポイント」を共通確認して，「道徳授業参観シート」を作成し，授業研究や授業改善に生かしていこうとする取組事例です。その取組を進める上で，第一に確認されたことは，

> 「（前略）よりよく生きるための基盤となる道徳性を養うため，道徳的諸価値についての理解を基に，<u>自己を見つめ</u>，物事を<u>広い視野から多面的・多角的に考え</u>，<u>人間としての生き方</u>についての考えを深める学習を通して，道徳的な判断力，心情，実践意欲と態度を育てる」

という道徳科の目標に示されている学習活動を具体的にイメージし共有するということでした。そのためにも，加えて「生徒<u>一人一人</u>がねらいに含まれる道徳的価値についての理解を基に，<u>自己を見つめ</u>，物事を<u>広い視野から多面的・多角的に考え</u>，道徳的価値や<u>人間としての生き方</u>についての自覚を深めることで」「内面的資質としての道徳性を<u>主体的に養っていく時間</u>」であり，「その際，教師は生徒と共に考え，悩み，感動を共有していくという姿勢で授業に臨み，」「よりよい生き方について生徒が<u>互いに語り合う</u>など学級での温かな心の交流」のもとに「<u>生徒と教師，生徒相互の対話の深まり</u>，議論の深まりが，<u>生徒の見方や考え方の高まり</u>を促すことから，<u>課題に応じた活発な対話や議論が可能になるよう工夫することが求められる</u>」（「解説」）と示されている道徳科の特質を生かした学習指導の在り方について確認されました。

　特に，下線を付した内容に関わる具体的な学習活動のイメージをもって，「主体的・対話的で深い学び」となることに留意しつつ，これまでの道徳の時間における授業での具体的な課題とその改善への方向性が整理されました。

課題　生徒が主体的に深く考える授業になっていたか
　考える価値・必然性のある問いづくりに取り組む
　◇自分の事として考えられるように切実感のある問い
　◇自問・内省できるような問い
　◇自己内対話（自分が自分に自分を問う）が生まれる問い
　◇考えたくなるような問い・考えざるを得ない問い
　◇より多面的・多角的な考えが深められるように，これまでには考えたこ
　　とのないようなことや新たな観点から考えようとする問い
　◇他の人の考えを聴きたくなるような問い
　◇人間としての自己の生き方について深く考えられる問い
　以上のような問いが生徒自身の中に生まれるように，新たな視点の提示，既成の価値観・概念くだき，問い返し・切り返し，揺さ振り，価値葛藤・心理的葛藤を意識した授業づくりに取り組む。

課題　生徒が本音で語り合える授業になっていたか
　安心して自分の本音が発言できるような環境づくりに努める
　◇他者の存在や多様な価値観等を認め尊重し，他者の発言をその真意まで
　　聴こうとする姿勢づくり
　◇生徒一人一人の発言を傾聴して受け止め，学習指導に生かす授業づくり
　◇多様な価値観等の交流の意義を実感でき，互いに学び合い，高め合おう
　　とする姿勢づくり

課題　ペアワークやグループワークでの学習において，生徒一人一人の学びに深まりがあったか
　「対話的学び」の質を向上させる
　◇個人ワーク（一人学び）の時間の確保
　◇ペアワークやグループワーク時における生徒一人一人に応じた机間指導
　　の充実

前頁に示されたそれぞれの課題への改善も踏まえた授業研究時の「道徳授業参観シート」が，下記のように作成され，道徳授業の充実に生かされています。

「道徳授業参観シート」

日時	平成　年　月　日（　）　時間目　授業者（　　　）		
学年・教科等	年　組　道徳科　参観者		
○で囲んでください。（4できた・3どちらかといえばできた・2どちらかといえばできていない・1できていない）			
	項　目	評	価
導入	本時の「ねらい」にせまる，効果的な導入であったか。（板書もしくは掲示・授業の流れ）		4　3　2　1
展開	思考を要する発問をしている。考えざるを得ない発問となっているか。		4　3　2　1
	自分の意見が持てるよう，考えさせる時間を確保している。		4　3　2　1
	机間指導を工夫している。（声がけ・グルーピング・赤ペン等）学習につまずきのある生徒への適切な指導・助言　意図的な指名につなげる座席表を活用。		4　3　2　1
	生徒の意見を発表させている。（根拠も言わせている。）		4　3　2　1
	生徒の意見をからみ合わせる授業ができている。練り上げ（ペア学習，班学習，フリートーク等・意見交流後の発表等・発表順の工夫・意図的指名）		4　3　2　1
終末	本時の学習についてふりかえる時間をとっている。（めあての達成度・定着度）		4　3　2　1
評価	肯定的な評価をしながら授業を進めている。学ぶ姿勢や学習規律（共感，代弁，要求・行動面，情意面，認知面）		4　3　2　1
参観者からのメッセージ～～よかったところ，課題や改善点・改善策			

高知県中土佐町立久礼中学校

3 学校独自の「道徳ノート」を生かした取組

　これまでの道徳の時間における教材ごとのワークシート活用の実践をもとに，すべての道徳科の授業において共通に活用できる「道徳ノート」を作成し，「主体的・対話的で深い学び」の実現と評価活動の充実に生かしていこうとする取組事例です。

　「道徳ノート」の作成に当たっては，「学習指導要領　総則」の「教育課程の実施と学習評価」に示されている「各教科等の指導に当たっては，」「単元や題材など内容や時間のまとまりを見通しながら，生徒の主体的・対話的で深い学びの実現に向けた授業改善を行うこと」「生徒が学習の見通しを立てたり学習したことを振り返ったりする活動を，計画的に取り入れるように工夫すること」についての確認が第一に為されました。

　その上で，「学習指導要領　特別の教科　道徳」の目標に加え，「指導計画の作成と内容の取扱い」に示されている「生徒が自ら道徳性を養う中で，自らを振り返って成長を実感したり，これからの課題や目標を見付けたりすることができるよう工夫すること。その際，道徳性を養うことの意義について，生徒自らが考え，理解し，主体的に学習に取り組むことができ」「生徒が多様な感じ方や考え方に接する中で，考えを深め，判断し，表現する力などを育むことができるよう，自分の考えを基に討論したり書いたりするなどの言語活動を充実すること。その際，様々な価値観について多面的・多角的な視点から振り返って考える機会を設けるとともに，生徒が多様な見方や考え方に接しながら，更に新しい見方や考え方を生み出していくことができる」ような，生徒の実態を踏まえた学校独自の「道徳ノート」が次頁のように作成され，生徒の道徳学習や教師の評価活動・授業改善の充実に生かされています。

　「道徳ノート」の左上に示された「第〇〇回道徳」という欄には，道徳科授業の量的確保への学校の決意が伝わってきます。また，毎時間の尺度法に

よる学習の振り返り表や年間・学期ごとの振り返りページは，授業改善や大くくりの評価への活用が期待されるものとなっています。

「道徳ノート」(各時間)

第　回 道徳　　　　　　　　　　　　　　　　　　　　　　月　　日

教材名 『　　　　　　　　　　　　　　　　　　　』

NOTE

◇ 自分の考えや想いを理由や根拠をもとに書きましょう。

★

自分の考え

友達の考え

◇ 本時の学習で学んだこと、考えたことを書きましょう。

◇ 今日の学習をふり返って、あてはまる数字に○をつけましょう。

		とても ←→ まったく			
①	共感や感動がありましたか。	4	3	2	1
②	新たな発見がありましたか。	4	3	2	1
③	自分をふり返り、考えることができましたか。	4	3	2	1
④	教材はよかったですか。	4	3	2	1

検 印

「道徳ノート」（1年間のまとめ）
1年間のまとめ

1. 教材の内容で印象に残ったものや良かったものの教材名とその理由を具体的に書きましょう。
(最大3つ)

教　材　名	理　　　由

2. 授業を受けての感想として当てはまるものを選び、番号を○で囲みましょう。
(いくつ選んでも良いです)

1	道徳の授業はためになった。
2	いろいろな意見が聞けて良かった。
3	新しい発見があった。
4	自分を見つめるきっかけになった。
5	答えに正解・不正解がないので言いやすかった。
6	楽しかった。
7	その他

※ 7を選んだ人は具体的に書いてください。（例：自分の気持ちを考えて言葉にすることが難しかった。）

3. 1年間の道徳の授業について、感想や意見を書いてください。

石川県能美市立寺井中学校

第2章

コラム　道徳授業はかきくけこ

　今求められている「主体的・対話的で深い学び」の実現に向け，ねらいの設定，教材活用，発問づくり，学習指導過程の構想，事前事後指導等の検討を進める上で留意したい「道徳授業づくりのポイント」をキーワードにまとめてみました。

道徳授業は　か・き・く・け・こ
〜「主体的・対話的で深い学び」の実現へ〜

「〜べき」タイプの授業（指導者ばかりがよくしゃべる）　　　→べきべき壊れる授業
「〜たい」タイプの授業（児童生徒が主役，聴きたい語りたい考えたい）→大切にしたい授業

道徳授業における「わかる授業」（→「学びがいのある授業」）とは

道徳的価値・人間としての自己の生き方についての自覚へ
自己の生き方・人間としての生き方という観点から
①自分がわかる（時として気付いていない自分の感じ方・考え方等がわかる）
②他者（人間）がわかる（自分以外の人の感じ方・考え方・生き方等がわかる）
③道徳的価値がわかる（人間として生きていく上で大切なことがわかる）

　　　　聴ける・語れる・深く考えられる　集団

有意義な道徳授業を創造するには，以下の「かきくけこ」を授業の中に！

　か　感動・葛藤（価値葛藤・心理的葛藤）→　考えたくなる
　　　語り合い（←話し合い）考える必然性のある問い《改善》

　き　共感（的理解）・疑問・気付き・驚き（既成概念・価値観くだき）
　　　聴き合い　協働　共育（共に考え育つ・共に育てる）

　く　食い込み（なぜ？どのように？等を大切にした重層的発問，反問）
　　　児童生徒の言葉を生かす（←問い返しでさらに深く!!）

　け　経験（児童生徒一人一人の具体的生活）の振り返りと活かし《検証》

　こ　交流（多様な感じ方，考え方）（授業は生きもの）こだわるな！

第 **3** 章

多様な指導方法による
「考え，議論する」道徳授業づくり

CHAPTER
3

第3章

道徳科の特質と多様な指導方法

1 道徳教育と道徳科の本質

　道徳とは，一人では容易に生き抜くことのできない人間の助けを求める声への応答だと言えます。そして，私たちは，他者の声なき声や言動に耳を傾け，自己の内なる声に心を澄まして，「自分はかくありたい」と自ら念願し熱望します。生きていく上での「常識」を基盤とした「良識」という意味での自分らしさについて，個性的に思い描き，実践するわけです。

　しかし，選択した現実の行為には，心に描いた理想像とずれがあり，そこで，理想の自分と現実の自分の，外面の行為と内面の想いの，そして時間的空間的に一貫性を保持しての，調和的な統一を図ろうと模索するのです。

　このように，道徳教育では，心田で耕した価値や意識や意志などの内面的資質と，現実生活の行為や実践とが繋がって止揚され，併合・併進することが重要です。これは，夢や希望を抱いて自己の未来を切り拓き，人間としてよりよく生きることにも通じるでしょう。

　一方，道徳科については，「最後の宮大工」と呼ばれた西岡常一が亡くなった後に，弟子の小川三夫氏が師匠の道具箱を開けてみたところ，「今すぐ現場で使えるほどに道具が身構えていた」と述べたごとく，その特質は，まさに道徳的な行為や実践への「身構え」を醸成する点にあります。

　すなわち，外面的・行動的な態度や実践そのものの指導を行うのではなく，道徳的価値を内面的に自覚できるような指導が要請されています。

　このような学校の教育活動全体を通じて行う道徳教育と道徳科との二重構造は，今回の改訂でも維持されています。ただし，従前は，道徳教育で「道

徳性」を養い，道徳授業で「道徳的実践力」を育成するとされていたものが，今回は，道徳科の目標にも「よりよく生きるための基盤となる道徳性を養う」ことが明記され，道徳教育の目標と同一の表現が見られます。

その趣旨は，道徳教育も道徳科も，「道徳に係る内面の向上」と「それに基づく道徳的実践」を希求する点で基本的に同質であり，最終的な目標は「道徳性」の育成にある，ということです。この背景の一つには，道徳教育の実効性・実質化が社会的に問われたことがあるでしょう。したがって，従前にも増して，道徳科と，教育活動全体及び日常生活全般との連関構造を意識し，その融合面を積極的に見出すことが要請されているのです。

なお，「道徳性」は，これまで「道徳的な心情，判断力，実践意欲と態度など」とされ，最後の「など」は「道徳的な習慣や行為」として捉えてきましたが，道徳科ではあくまでも「道徳的な判断力，心情，実践意欲と態度」を育てることを主軸として，「道徳性を養う」ための要の役割を果たすのです。改めて，道徳科では，内面的資質や能力の育成を守備範囲としながら，そのベクトルとして道徳的な実践や行為を展望していることを押さえつつ，授業改善に取り組みたいものです。

2 多様な指導方法の一例～価値観の衝突を活かす～

道徳科の特質を踏まえ，道徳授業の本質的な姿を正しく理解し，その実質化を目指すべく「主体的・対話的で深い学び」を実現するには，答えが一つではない道徳的課題を一人一人の生徒が自己の問題として捉え，真正面から向き合う「考え，議論する道徳」への質的な転換が要請されます。

その改善への鍵は，おおよそ，道徳科の目標が示していますが，とりわけ，従前の目標と比べて実質的に書き加えられた「物事を広い視野から多面的・多角的に考え」という学習に着目したいと思います。

以下では，その実現に向けた多様な指導方法の一例として，価値観の衝突を活かした授業展開を紹介します。

事例『吾一と京造』

　価値観の違いは，道徳授業では常に顕在化するものですが，時間的制約からそれらの併記に終始し，思考の深化が望めない場合も多いものです。そこで，生徒の価値観の違いを前提に，それが激しく衝突する場を設計し，そこを授業の出発点にしながらねらいに肉薄する展開を考えてみます。

　教材『吾一と京造』は，「始業の鐘が気になる吾一は皆を残して一人駆け出すが，京造は他の仲間に先に行くよう促しつつ，一人秋太郎を待って一緒に遅刻し，しかも先生にも言い訳一つしない」という話であり，心が草の葉のように揺れる場面を出発点に，価値観を衝突させる授業を構想します。

　主な発問は，
　①「『草の葉のように揺れていた』吾一は，どのように葛藤しているか」
　②「吾一が駆け出す場面で，吾一と京造のどちらを支持するか。その理由・根拠は何か」
　③「あなたは，二人のどちらと友達になりたいか」
　④「あなたが②と③で選んだ人物は同じか，違うか。なぜ，そう思ったのか」
　⑤「結局あなたは，真の友情には何が必要だと考えるか」
の五つです。

　発問①では，遅刻せずに登校するという学校のルールを遵守した吾一の正しさと，京造が一人，友人との義を果たした人間的な魅力を確認し，二人の長短を意識化しました。

　発問②での支持者の数は，走り出した吾一が18人，待つ京造が20人，保留2人であり，その理由や根拠を，ペアワークで意見交換しました。吾一支持の理由としては「規則遵守は当然で堂々としていればよい」，京造支持の理由としては「友達思いで決断力があり，責任の取り方も潔い」等がありました。

　発問③では，友として吾一を望む者が7人，京造を望む者が33人という結果であり，10名以上の生徒が発問②と③で異なる登場人物を支持する結果と

なりました。

　発問④では，5人1組のグループで議論をし，吾一と京造の善さが激しく衝突することとなりました。その後，主な意見を代表者に発表させながら，価値観の衝突の様子が視覚的に把握できるよう，番号で対応づけながら左右対比的に板書しました。

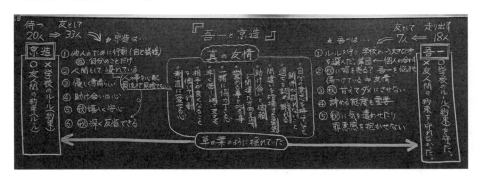

　次に，発問⑤への橋脚として，板書にはない遣り取りを紹介しておきます。

　それは，発問④の議論の中で断片的に発言のあった「優しさ」と「厳しさ」についてです。これらを実践する際の注意点を尋ねると，両者には「けじめ」や「適度さ」を保つこと，「思いやりの中の厳しさ」を表現することが大切だ，と返ってきました。最後の発問⑤は，真の友情に必要な条件・要素を追求する場で，激しい議論の末に辿り着いた生徒の想いが凝集されています。

　授業終末の感想には，「色々な人の気持ちや考えを聞いて何回か心が揺らいだ」，「僕は，小学校の頃は吾一のような感じで，最初，京造みたいになれるといいなと思ったけど，どちらが良いのか分からなくなったので，これからも考えていこうと思う」等が見られました。

　価値観の衝突を活かすことで，より誠実に価値の多面性と向き合い人間的な魂が揺り動かされるのであり，だからこそ，道徳的問題を一過性にせず，将来にわたって考え続ける姿勢として結実させ得るのです。これこそが道徳教育で養うべき基本的資質です。

道徳科の特質を生かした学習指導

1 目標にみる指針

　平成26年の中央教育審議会答申「道徳に係る教育課程の改善等について」にて「特定の価値観を押し付けたり，主体性をもたず言われるままに行動するよう指導したりすることは，道徳教育が目指す方向の対極にある」と宣言したことは，予断と偏見を排することにも寄与するとともに，切実な道徳的問題を多面的・多角的に考え議論することで初めて生徒の道徳的価値に対する真の自覚を期待でき，自己決定力に資することができる，といった道徳授業に対する共通理解も促したはずです。

　その道徳科については，「考え，議論する」道徳へ転換することの本質的な意味を正しく理解するための指針として，考え議論する際の「対象」と「手立て」と「方向」を明確に押さえる必要があります。それは，道徳性を養うために重視すべき具体的な資質・能力を明確にする観点から規定された道徳科の目標の中に凝縮されています。

　すなわち，
　①「道徳的諸価値についての理解」が学習の基礎・基盤であり，それを支えに，
　②「自己を見つめ，物事を広い視野から多面的・多角的に考え，人間としての生き方についての考えを深める」学習活動を踏み，将来出会うであろう場面や状況において適切に道徳的行為を方向づけ先導し実践するための
　③「道徳的な判断力，心情，実践意欲と態度」を育成する

ということです。

したがって、考え議論する「対象」は、道徳的価値であり、自己の内面であり、人間としての自己の生き方です。

また、「手立て」としては、①を前提としながら②の学習過程を具体化すればよく、「方向」は、あくまでも③を相互に関連・補完させながら育成するということになるでしょう。

なお、①では、観念的・概念的な理解に留まらず、「内省」を通して自己の価値観の再構造化を図り、ひいては「自覚」へと結びつく指導を目指す必要があります。

②については、単なる学習の手段・道具というよりも学習過程として捉えるべきですが、一連の固定された形式として、学習指導を画一化させるものではありません。

③は、道徳科として「道徳的習慣や道徳的行為」の指導は一切行わない、という意味ではなく、習慣や行為の指導は、道徳性を育成する一つの指導方法であって、そこで学んだことを振り返り、意義や意味を考え、様々な課題を主体的に解決するための心の姿勢の形成に資することが肝要です。

2 授業づくりの三つの視点 〜「価値認識」・「自己認識」・「自己展望」〜

ここで私は、道徳科の目標、および教材の三機能並びに道徳的価値の自覚の三要素を踏まえ、道徳授業を登山に例えながら三つの重要な視点を試案として提示してみたいと思います。

その第一は、登る山の姿・形や山頂の方向・位置を把握する「価値認識」であり、第二は、来し方を見つめつつ自己の立脚点を探り確かめる「自己認識」であり、第三は、自己の足許から延長線を引いて山頂への道筋や道標を思い描く「自己展望」です。

価値認識

「価値認識」は，価値の主観的・相対的側面と客観的・普遍的・社会的側面とを衝突させるなどして，価値の新しい断面に直面させ，道徳的価値を広げ深める場です。

「解説」では，道徳的価値についての理解を「価値の意味を明確に捉えること」としていますが，自己との関わりの問い直しや，複数の価値が対立する場面における心の葛藤や揺れ，さらには，判断・選択とその結果を通して，道徳的価値の本当の理解が始まることにも言及しています。

すなわち，「価値理解」を「道徳的価値の性質や活用に対する客観的・一般的な理解」，「価値認識」を「価値の客観的理解に留まらず，価値相互の関連や高低・遠近・難易の序列を一定程度付けた個人的・主体的な把握」と捉える立場からは，新指導要領の「道徳的諸価値の理解」の真意は，自己との関係で捉える「価値認識」であると言ってよいでしょう。

自己認識

次に，「自己認識」ですが，これは新たに広げ深めた道徳的価値を有する現実的もしくは精神的世界に対して自我関与し，判断・評価の追求をする場として位置づけたいと考えます。

自我関与とは，対象を自分との関係において考える態度のことですから，自己認識は，単なる現時点における自己の立脚点を確かめるといった現状把握に留まりません。より本質的には自己を深く省みることであり，それは厳しい内省を経て誠実に自己評価し，自己の新たな課題を発見することと同義です。

自己展望

最後の「自己展望」は，個人的・社会的な阻害条件を念頭に，その克服条件を考察し，よりよい未来を展望しながら舵を切っていく方角を見定め，決意表明とは質を異にする「秘かなる決意」を行う場です。

道徳的価値の意義や意味を個性的に咀嚼し生かしながら，具体的な道徳的実践への手掛かりや糸口を見出し，関心や意欲を高めながら将来を展望するという役割を担うのです。

　なお，この「自己展望」の段階でも，自己の新たな課題が立ち上ってくることがありますが，それは授業が真に充実していた証左です。もし，その道徳的課題が学級全体で共有できるのであれば，次の新しい「価値認識」・「自己認識」・「自己展望」への出発点とすることもできるはずです。

3　三つの視点を踏まえた学習指導

事例『オーストリアのマス川』

　「価値認識」・「自己認識」・「自己展望」の実際を，具体的な授業例で概観してみます。『オーストリアのマス川』は，見事なグレーリングを釣り上げたものの，明日が解禁日であったため，躊躇しながらしぶしぶ水中に解き放つと，草陰の監視員から「ブラボー」と声をかけられる，という話です。

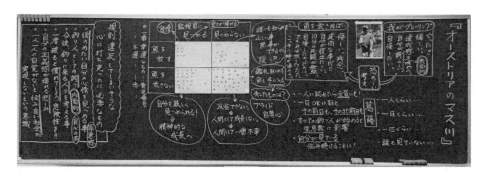

　授業序盤は，すべての学習場面の前提としての「価値認識」の場です。心の中の「恐ろしい考え」を確かめ，それを安易に行動に移してしまうと，どのような状況に直面するのかを議論します。そして，そのような軽率な行いが認められない論理的な根拠を見出すことで，誰もが得心のいく新たな知見を得るのです。

例えば,「誰も見ていないだろう」という刹那的に頭を過る考えに対しては,「他人には知られないかもしれないが,自分自身が見ている」「これから長い期間にわたって悩み続けるという苦しみを味わうことになる」との意見が出されました。

授業中盤では,縦軸を「魚を放す・放さない」,横軸を「監視員に見つかる・見つからない」とするクロス表を作り,この4場面の中から自分が考える一番「幸運なもの」と「不運なもの」とを選択して立場表明し,その理由・根拠を多面的・多角的に全員で議論して,「自己認識」に資することにしました。

例えば,「魚を放さず監視員に見つからない」を最も幸運だとする意見は大半を占めましたが,これに対しては,「得たものだけに注目して喜んでよいか」との視点から批判的に吟味し直すことで,「プライドや自尊心の喪失」「正義感が壊れる悲しみ」に気付くことができました。

また,「魚を放さず監視員に見つからない」を最も不運だとする意見も僅かにあり,その理由は「間違ったことをして喜び,自分自身が反省できないから」と言うのです。さらに,反省できないことを不運だと考える理由を追求すると,「人間として成長しない。それは,人間として一番不幸だと思います」と返ってきました。

このように,一つの場面だけでも,様々な見方や考え方を出し合うことができるのであり,その中から誰もが得心,感心する根拠を持った納得解を一人一人が探求することで,中学生ならではの水準で「自己認識」することが可能となるのです。

「自己展望」としての授業終盤では,規則違反への弱い心を克服し,人間としての生き方を希求していく上で,どのような心持ちが大切であるのかを,「今の自分に必要なもの」として問いました。結果として,「後ろめたさ」「誇り」「慣れによる危険性」「正義感」「住み良い社会の実現」をキーワードとした意見が出せるなど,遵法精神への内面的思索を,行為や実践として結実するための促進条件を考察しつつ,「秘かなる決意」をもたせたのです。

事例『裏庭でのできごと』

　教材『裏庭でのできごと』は,「猫から雛を守るために投げた雄一のボールで天窓が,その後,遊びで蹴った健二のボールで隣のガラスが割れるが,その理由を1枚目が割れた理由で誤魔化したことで健二は悩む」という話ですが,本授業では,「責任をもって誠実に生きるための覚悟や決意に必要な道徳的判断力を養う」ことをねらいとしました。

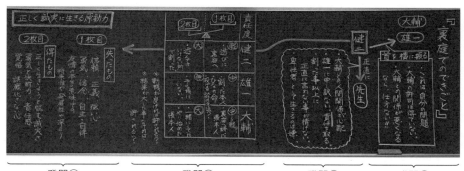

発問④　誠実の意義と促進条件
発問③　3人の責任度の議論
発問①　決断までの葛藤
発問②　首を振った意味

　そして,授業の全体像としては,責任ある誠実な生き方の具体を浮き彫りにしつつ,2枚のガラスが割れたそれぞれの場面において,登場人物の責任度を議論・検討し,責任・誠実の意義を追求する,という枠組を構想しました。特に,天窓を割るという物質的結果への客観的責任と,雛を救う意図や動機を重視する主観的責任について,両者の軽重の付け方や責任の取り方を比較対照したいと考えました。

　実際の授業の流れは,第一に,主として「価値認識」を明確にするため,
　①「先生に正直に話す決断をするまでに,健二は何を考えたか」
　②「健二が首を横に振った意味は何か」
と問いました。
　発問①では,「人間関係が崩れないかが心配」「責任を取る必要がある」

「正直に言わない自分が情けない」「卑怯な生き方は嫌」といった生徒発言を通して、健二の心理葛藤が明瞭になりました。ただし、後の発問③の伏線となる「責任」の語については、板書はしたものの、この場面で深く追求することはしませんでした。

発問②では、責任を負うべきは、他の誰でもなく自分しかあり得ない、との判断・自覚を、健二自身が主体的・自律的に行った事実と対峙させました。そのことで、一晩かけての苦悩と熟慮を通して、自己の責任で判断・決意した健二の行為は、もはや大輔の考え方によって左右されるものではあり得ず、正しさに裏打ちされた確固たる信念に基づいたものであることを、ある程度把握することができただろうと思います。

続いて第二に、主として「自己認識」を促すため、

③「割れた２枚のガラスに対する３人の責任の重さをどう考えるか」
と問題提起しました。この発問③では、三者三様の動機や結果を比較対照し、責任度に対する判断と理由づけについて議論しました。ただし、板書では、登場人物の行為を中心にまとめましたが、ここは道徳的価値に基づいた判断の根拠・理由を示す方が、より深まりのある議論に繋がったはずです。

例えば、１枚目の雄一の責任度について、学級全体では「中」程度と判断しましたが、議論で挙がった「価値認識」の根拠には、「正しい動機からの行動なので責任は軽減される」、「ボールを投げずに、大声を出すなどの他の方法を選ぶべき」、「咄嗟のことで冷静に判断する余裕はない」等の鋭い指摘がみられます。

また、二つを対比的に考察させたところ、１枚目の大輔の責任度が雄一と同水準とする見方に「価値認識」の視点から物言いが付き、「裏庭へ誘ったのは大輔だが、そのことから雄一の行動が予見できるわけではない」、「誘うのはよくないが、雄一には断る心の自由があったはず」等、誰もが一定の理解を示し得る考え方も発表されました。

このような根拠に関わる発言から示唆されるものを板書すれば、発問④を考える際にも、価値判断の一助となったに違いありません。

そして，最後に，
④「健二が失ったものと得たものは何か」
と問いましたが，これは，より深化した「価値認識」を多面的・多角的に確かめ合うとともに，それに基づいた「自己展望」を視界に入れていく性質の発問です。正直・誠実の意義や促進条件を，「正義」「勇気」「責任」「覚悟」等の観点から押さえ，それを道徳的実践力への糧としたのです。

4 三つの視点についての留意点

なお，「価値認識」・「自己認識」・「自己展望」という三つの視点は，この順序で進行する授業も多いと思われますが，必ずしも順次性を示したものではなく，また一つの授業にすべてを組み込まねばならないという訳でもありません。

さらに，授業場面によっては，二つ以上の視点がはっきりとは分かれずに融合していることも考えられます。つまりは，ねらい達成に資するための有効なカードとして，柔軟かつ効果的に活用することが肝要なのです。

ただし，道徳科の目標において，「道徳的諸価値についての理解を基に」の後に読点が入っている点にも注意が必要です。この読点は，道徳的価値についての理解が，その後に示された一つ一つの学習の前提だということも意味します。したがって，「価値認識」に関しても，「自己認識」や「自己展望」を底から支える基礎的な役割を担っている点に留意したいところです。

なお，それは「自己認識」や「自己展望」といった視点を軽視してよいということにはなりません。道徳的価値や人間としての生き方についての自覚を深めて道徳性を養うという道徳科の特質を正確に理解しつつ，解決を求めて共に考え，議論・探求する学習過程を体験すること自体にも重要な意味を求めている今，それに応じた学習指導の過程や方法を柔軟かつ創造的に工夫するならば，当然，「価値認識」・「自己認識」・「自己展望」の三つの視点は，互いに往還しながらも密接に結び合って授業をかたどっていくはずです。

第3章

3

多様な考えを生かすための言語活動

1 言語環境の耕し

心田の耕し

　生真流華道家元の川岸香園氏は,「花を活けるとき,じっと耳を澄ませば『どこへ,どのように活けてください』という花の声が聴こえる」と言われました。また著名な版画家棟方志功氏は,「誠実さを持って版木と一体になったとき,版木がかすかな声で『どのような姿を浮かび上がらせてください』と語りかけてくる」と言います。

　これらのエピソードは,プロの透徹した眼差しと優れた感性を物語っていますが,省みて豊かな言語環境にも大きな示唆を与えてやまないと思います。すなわち,教室における発言の少ない生徒の声なき声,大きな課題や深い悩みを抱えている立場の弱い生徒の心の底からの叫びを聴かずして,どうして真に充実した言語活動を創り得よう,ということです。

　充実化・実質化が厳しく求められる道徳科時代の今こそ,目を澄まし,耳を澄まし,心を澄まして生徒の心の奥底の声を聴き取るという教育の原点を見つめ直し,「共に希望を語り合える」という世界（人と人・学校・学級・言語空間）を生徒と共に創り上げていきたいと心から願うのです。

技術・技能の耕し

　次に,言語環境を整えるための直接的な働きかけの一つとして,「聞く」力と「話す」力の育成に資するための具体的な視点を指摘しておきます。

　まず,「聞く」ための視点としては,例えば,二人の考えの異同に注目し

て「比べて聞く」，いくつの考えや根拠があったのかを「分けて聞く」，最終的な主張は何なのかを「まとめて聞く」等が考えられます。

そして，それと表裏をなす「話す」ための視点としては，主張する事柄の「理由・根拠」や「自分の体験」を交える等の道徳科に即した話し方を前提に，「話し方の型」を一定程度伝えておくのも一案です。

例えば，「自分と友達の考えの異同を述べる」，「結論から理由・根拠の順で述べる」，「理由から結論の順で述べる」，「結論は同じでも，理由・根拠が異なることを述べる」，「理由や根拠は同じでも，結論が異なることを述べる」，「理由や根拠の数を明示して順に述べる」，「具体的事例や体験談を挙げて意見を述べる」，「出てきた意見を整理して自分の考えを述べる」，「友達の意見を認めた上で自分の考えを述べる」等々に学びつつ，徐々にこうした話し方の型を超え，安心して，語り合い，聴き合い，高め磨き合い，そして，そこに喜びを感じ合える学習空間を構築するのです。

豊かな心の基盤

こうした言語環境の耕しがあってこそ，論理や思考，感性や情緒を基盤とする言語による知的活動・コミュニケーションという葉枝幹根が育ち，その上にこそ美しく豊かな心の花が咲きます。

教師は，言語環境を繊細な目と耳と心を働かせて整え，自分と生徒の言葉とその底の心の姿を大切に見極め，誰もが自分の思いを自分の言葉で表出し，誰もが耳を傾ける授業と教室をつくっていきたいものです。

2 批判的思考の実質

次に，集団の議論を練り鍛え，ひいては自己の考えを深化させるための一視点として，ややもすると誤解のある「批判的思考」について概観しておきます。批判的思考は，否定や非難と同義ではありません。本質的には「事実の多様な断面を突き合わせ，人生の真実・真理について吟味すること」であ

り，さらに道徳科においては，「他者との議論や自己内対話を通じて内省すること」を加味しておくのが妥当でしょう。以下では，この批判的思考を言語活動の通奏低音とした実践事例を紹介します。

事例『バスと赤ちゃん』

　教材『バスと赤ちゃん』は，「運転手が，泣いている赤ちゃんを抱いて降りようとする母親を呼び止め，『皆さん，一緒に乗せて行って下さい』とアナウンスしたことで，車内は乗客の拍手で満ち溢れた」という心温まる話を扱ったものです。

　ところが，生徒は必ずしもそうは受け止めず，ある授業では初読時にすでに25％あった否定的意見が，終末時には62％にまで達したのです。こうした生徒の多様な見方や考え方の実態に向き合う言語活動で，自己の内奥を見つめ磨き高める「考え，議論する道徳」を実現したいと考えます。

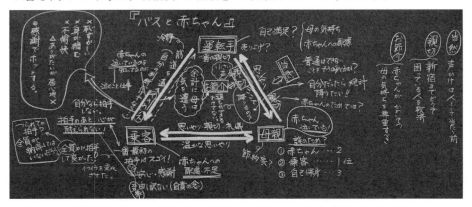

　そこで，授業前半は，運転手・母親・乗客の三者を頂点とする思いやりの三角形を骨子にして，具体的な内容を肉付けするとともに，生徒の素朴な疑問や意見を出し合って批判的に議論し，

　①「母親が降りようとした理由」
　②「運転手が母親に声かけしたのは親切か」
　③「あなたなら，運転手にアナウンスされたらどう感じるか」

④「あなたなら，拍手が止んだ後の静けさの中でどんな気持ちになるか」という四つの論点を導き出しました。

授業後半における①の議論では，「他の乗客に申し訳ない気持ち」「暑さに耐えられない赤ちゃんを涼しい空気に触れさせる」「泣き止まない赤ちゃんを抱いている自分の居心地の悪さ」の順に支持が多くみられました。

②については，「親切」が61％，「お節介」が31％，「当然」が8％でした。「親切」の根拠としては，「新宿まで送ってあげたい，困っている母親を救いたい，等の想いが伝わる」というものでした。

「お節介」の根拠としては，「赤ちゃんへの配慮に欠ける」「迷惑を掛けたくないという母の気持ちを尊重すべき」が提示されました。そして，「当然」の根拠は，「困った状況の人に声をかけるのは人として当たり前」でした。

③では，「恥ずかしい」「身が縮む思い」「不愉快」等の負の感情をもつ者が58％，「嬉しい反面，申し訳ない」「有り難いが，居心地は悪い」等の正負両方をもつ者が38％，「感謝でホッとした気持ちになる」が4％でした。

④では，「気持ちが安らぎ，温かくなる」との安堵・感謝の念が湧き出る者と，「乗客にまで拍手を強いた厚かましい行為ではなかったか」との自責・自重の念が広がる者とが，それぞれ23％，77％でした。

最後に，自己展望を促すため，「あなたなら，どの場面で登場人物とは異なる選択をするか」を問うたところ，母親の立場からの回答が36％で，その内の7割弱が，降車場面で「はい，そうです」「黙って笑顔で頷く」といった反応をするというものでした。

また，運転手の立場からの回答は60％で，その理由の中には「迷惑を掛けて申し訳ないと思う母親に，これ以上車内に留まらせては気を遣わせ過ぎで気の毒だ」という深い意見もありました。

そして，「どんな人生・人間を自分は目指すのかを考えるよい機会だった。説得力のある生き方や正しい道は人の数だけあると知った」との感想は，批判的思考が生徒の実態に即して機能し，生徒の充実感に繋がる言語活動に結びついたことを物語るのでした。

登場人物への自我関与を大切にした指導

1 自我関与

　ここでは，ひとまず簡単に，道徳科における「自我」を次のように捉えておきたいと思います。すなわち，「普通，人間は，自分の外の世界については注意し意識するが，認識・行為・経験している自分自身は，あまり意識しない。その自分自身から一定の距離を取って自らを客観的に見つめ返すとき，見つめられている自分を"自己"，自分を見つめるもう一人の自分を"自我"とする」という立場で考えてみたいのです。

　すると，平成28年の「『特別の教科 道徳』の指導方法・評価等について」（報告）が，登場人物への自我関与が中心の学習に関して「教材の登場人物の判断や心情を自分との関わりにおいて多面的・多角的に考えることを通し，道徳的諸価値の理解を深めることについて効果的な指導方法であり，登場人物に自分を投影して，その判断や心情を考えることにより，道徳的価値の理解を深めることができる」と述べている点は，「知覚し思考する対象について自己を関係づける」という自我の性質に照らして，一応妥当だと言えるでしょう。

　ただし，生徒の自我は，登場人物に自分を投影するだけに留まらず，級友の多様な観点・立場・意見・考え等とも照らし合わすことで，初めて客観視された自己像を結ぶものです。その意味では，これまでの自己の生き方を，他者の生き方を媒介に練り鍛え，より納得のいく誠実で美しい自己の生き方へと再び立ち還ることが自我関与の全体像だ，との見方も成り立つのです。

　そして，このような自我関与の全体像に対する見方は，例えば，平成23年

の「言語活動の充実に関する指導事例集」(文科省)に，考えを伝え合う指導の留意点として，

> 　自分の考えや意見をもち，深めることを前提としつつ，(1)考えを伝え合う中でいろいろな考えや意見があることに気付くことができるようにすること，(2)それらの考えには根拠や前提条件に違いや特徴があることに気付くことができるようにすること，(3)それぞれの考えの異同を整理して，更に自分の考えや集団の考えを発展させることができるようにすること

が指摘されていることとも通底するものがあるし，もちろん，道徳科の目標とも見事に整合するものです。

2 自我関与を見届ける姿勢と発問

　この自我関与の全体像から要請される内面的な成長過程には，緊迫感・切実感をもって価値と正対し，真剣に自己の心と対決しようとする，厳しくも清々しい心構えが個々に必要です。

　また，その醸成には，一人一人の心の姿を温かく丁寧に見届けようと生徒の意見や感想に耳を傾けて聴き入り，それを次の授業展開へ繋いでいくという教師の態度も重要です。

　すなわち，道徳科で扱う教科書や補助資料などは重要な教材ですが，生徒の今もっている見方や考え方，すなわち吐露したありのままの素直な価値観こそが，真の教材・学習課題だとも言えるのです。時間を気にして機械的に次の発問へ進むのではなく，ねらいへ通ずる意見・感想を深く追究することからも道徳授業は豊かに創造されます。生徒各々の考えがどう拡張・深化・発展していくのかを丁寧に確かめようとする教師と学級の基本姿勢があってこそ，初めて生徒は，誠実な態度で他者を媒介に自分の生き方を自らに問う

という段階に至るのです。

　こうして,自我関与の態度は芽生え促進され,「自分らしい」新たな価値的世界が拓けるのです。

登場人物への自我関与を大切にした指導の発問

　具体的な発問の在り方については,自我関与の全体像に鑑みれば,多様な発問が考えられるべきですが,以下では,「あなたならどうするか」という発問の意図と効果に限定して述べてみたいと思います。

　さて,この発問を善悪の明瞭な場面や,生活事実に照らして発言しづらい場面等に設定することには慎重であるべきです。しかし,平成27年の中央教育審議会「教育課程企画特別部会　論点整理」も,

> （前略）心情理解のみに偏り,「あなたならどのように考え,行動・実践するか」を子供たちに真正面から問うことを避けてきた（中略）自分ならどのように行動・実践するかを考えさせ,自分とは異なる意見と向かい合い議論する中で,道徳的価値について多面的・多角的に学び,実践へと結び付け,更に習慣化していく指導へと転換することこそ道徳の特別教科化の大きな目的である

と指摘するように,道徳的諸価値の学びを踏まえ,登場人物を窓口にした価値的世界に出入りし,道徳的行為の実現を主体的に図るための内的資質としての道徳性を養うために,常にこの発問の効果・可能性は追求されてよいでしょう。

3　授業にみる発問の効果

　続いて,自我関与を促す「自分なら」という発問の効果について,それとは微妙に異なる「主人公なら」と問うこととの比較を通して,実証的に考察

していきたいと思います。

　教材『いつわりのバイオリン』は,「著名なバイオリニストの要望により,情熱的な職人フランクは懸命にバイオリンづくりに打ち込むのであるが,期日に間に合わず,弟子であるロビンの作品を自分のラベルに貼り替えて渡してしまう。苦悩するフランクの工房は生気を失い,弟子たちは離れていく。ある日,ロビンから温かな励ましの手紙が届き,フランクは涙する」という話です。

　これまでの実践例では,フランクの涙の意味を問うことが多かったように思いますが,今回は,新たな授業を柔軟に創発する観点から,大きく次の三つの発問を準備しました。

　すなわち,
　①「ラベルの貼り替えは,誰を偽ったことになるか。そのことで得たものと失ったものは何か。(価値認識)」
　②「結局,フランクは許されたのか。その理由は何か。(自己認識)」
　③「ロビンへの返信を,【A】フランクならどう書くか。また,【B】あなたならどう書くか。(自己展望)」
という発問です。

　なお,この他にも効果のありそうな発問は多種多様に考えられるところです。例えば,自我関与の強い発問に絞っても,「自分の生き方の美学に照らして,あなたなら物語のどの時点でどんな行為を選択したいか」や「誰もがもっている人間の弱さを少しでも乗り越えるには,どんなことを大切にしたいと思うか」等,千差万別です。

　以下では,本節の趣旨に照らしつつ,上述の発問③を中心に,【A】主人公の立場で考える場合と,【B】生徒自身の立場で考える場合との異同について詳述しますが,その前に,発問①と②における留意点や遣り取りについて簡単に触れておきます。

　まず,発問①ですが,偽った対象として「自分自身」という意見が確実に出るよう,予め生徒の記述内容を確かめておき,意図的指名を行いました。

第3章

　また，ラベルの貼り替えによって得たものを黒板の高い位置に，失ったものを低い位置に板書しておき，どちらがフランクにとって重いものかを議論しました。最初は，「どちらも重要」との意見も出ましたが，「本当にフランクは安堵したのか」と問いかけることで，その安堵は「一時的なもの」「偽物」であるという観点が生まれました。そして，それは安堵に限らず，「得たものの全てが偽りで，軽いものである」といった発見へと繋がっていったのです。

　発問②では，フランクは偽った対象からどの程度許されたのかについて，5段階で立場表明をさせ，その理由・根拠を考えました。許された理由として，ロビンの立場や行為に基づくものがいくつか挙がったのに対し，許されない理由は，主として自分自身の想いを重視した立場からのものでした。

　さて，発問③を投げかけた結果についてですが，5割弱の生徒は【A】【B】で同質の反応を示し，フランクに自己投影していました。一方，4割超の生徒は【A】【B】で異なる反応を示し，自己の性格や生活体験に基づき，自己の問題として発問【B】と対峙していました。

　次に，学級全体の意見の内訳ですが，【A】に関しては，
（ⅰ）ラベルの貼り替えに対する後悔・謝罪〔54％〕
（ⅱ）事実を伝える〔41％〕
（ⅲ）感謝と誇りに思う気持ち〔27％〕
に意見が集中していることが分かりました。

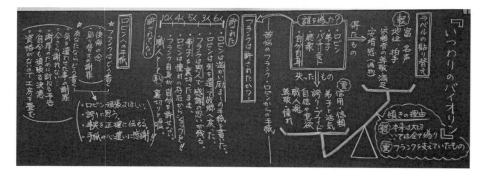

122

また,【B】に対する応答には見られない少数意見としては,「心配しないで欲しい」「返金したい」「職人としても人間としても私を超えた」「この過ちを忘れない」等がありました。
　一方,【B】に関してですが,
　（ⅰ）ラベルの貼り替えに対する後悔・謝罪〔41％〕
　（ⅱ）事実を伝える〔24％〕
　（ⅲ）感謝と誇りに思う気持ち〔22％〕
が代表的な意見である点は【A】と同様でしたが,【A】に比べて5～10数ポイント減となっています。その分,
　（ⅳ）豊かな音色のバイオリンと次の世代の職人を生んでほしい〔22％〕
　（ⅴ）自分も初心に返って素晴らしいバイオリン作りに励む〔16％〕
　（ⅵ）職人の資格がないので工房は畳み,新たな一歩を踏み出す〔11％〕
にも意見が集まっており,【A】の結果とは大きな差が生じました。
　また,【A】への応答には見られない少数意見としては,「機会を逸したので今さら謝れない」「謝罪のために訪ねるという予告」「バイオリニストに真実を伝える」「気を遣わせてしまったことへの謝罪」等がありました。
　総括すると,【A】では,人間として最低限伝えておくべき事柄を優先した意見が際立っており,主人公の「当為」を中心に考察した結果だと考えられます。それに対して,【B】では,自分の将来への言及が多数認められた点が特徴的で,様々な生活条件や個人的な志向性に基づいて「事実」としての見解を開陳しています。
　サンテグジュペリは,『人間の大地』で「愛するとは,互いに向き合うことではなく,共に同じ方向を見ることである」と述べていますが,これは議論や授業の構築に通じるもので,発問【A】【B】を通じての語り合いも,共に同じ方向を見ている点に意識を向けたいものです。
　すなわち,「秘かなる決意」からの自己発展を俯瞰している点にこそ留意し,両者の異同を把握した上で相互補完させ,豊かで自由な道徳科授業を柔軟かつ適切に創造したいと思うのです。

5 問題解決的な学習を取り入れた指導

1 問題解決的な学習の輪郭と実質

　道徳教育に係る評価等の在り方に関する専門家会議の平成28年の報告「『特別の教科　道徳』の指導方法・評価等について」は，質の高い多様な指導方法として，「読み物教材の登場人物への自我関与が中心の学習」「問題解決的な学習」「道徳的行為に関する体験的な学習」を例示し，それを組み合わせるなど適切な指導方法を選択する重要性を指摘しています。本節では，その中から「問題解決的な学習」を中心に取り上げ，その輪郭と実質を概観してみます。

　まず，道徳科における「問題解決的な学習」の具備すべき基本的要件として，「①道徳的問題を，②自己の問題として主体的に考え，③道徳的価値との関連でその解決を目指す学習」であり，「④道徳科の目標の実現やその時間のねらいの達成に資する学習」であることを確認しておきたいです。

　すなわち，身近な問題や現代的な問題，あるいは教材等の中に描かれた下記A～Dのような問題について解決していくわけですが，あくまでも，道徳的価値との関連からその解決について考え，学んだ内容の意義や意味などについて深め，自己決定力を育成していくことを期待するのです。

> A：道徳的価値が実現されていないことに起因する問題
> B：道徳的価値についての理解が不十分又は誤解から生じる問題
> C：道徳的価値を実現しようとする自分とそうできない自分との葛藤から生じる問題

> D：複数の道徳的価値の間の対立から生じる問題

　例えば，道に迷った人を親切に援助したり，あるいは親友の成長を願い信じてその非を指摘したりするといっても，その時の場面や状況，立場や関係に応じた具体的な判断の仕方をどこかで指導しなければ，却って危険や混乱を招くこともあり，実践への手がかりを掴むことはできず，ひいては独りよがりな自己決定力に陥るでしょう。

　こうした場面では，生活環境や心の実態に即して，「こんな場合，君たちはどのような対応の仕方をするか」と問い，さらに「その他に何ができるか」「なぜそう思うか」「その結果どうなるか」と追求し，生徒の判断を確かめながらの授業展開が必要だと思われます。

　道徳授業である限り，当然我が事として取り組むわけですが，生徒自らが主体的に問題場面を見つけ，その場面における道徳的価値の意味を考える問題解決的な学習においては，より一層，問題場面を自分に当てはめて考えさせる発問を意識する必要があります。

　例えば，本校では，平成27年度文部科学省「道徳教育の抜本的改善・充実に係る支援事業」の一環である『道徳科授業の創造～価値認識・自己認識・自己展望～』の研究において，国立教育政策研究所の西野真由美氏を招聘して研修会を行っていますが，そこで得たことを参考にすると，以下のような流れが考えられるでしょう。

> (a)　「正義とは何か」と問う
> (b)　二つの正義が衝突する教材を提示し「葛藤や対立軸」を明確にする
> (c)　それぞれの「正義の中身」を挙げ，「あなたはどちらを支持するか」と問う
> (d)　協働的な活動を通してそれぞれの「正義の根拠」を洗い出す
> (e)　自分にとって「正義を貫く上で必要なもの」を考える
> (f)　正義の実現に向けた「具体的な糸口や方法」を探る

> (g) 双方から学んだことを踏まえ，改めて「正義とは何か」と問い，その意義や意味を見出す

2 問題解決的な学習の実際

　次に，小学校高学年から中学生向けのＮＨＫ道徳番組『オン・マイ・ウェイ！』から，「＃16 人を思いやるには何が必要なんだろう？」を取り上げ，授業展開の実際を考察してみます。これは，淀川キリスト教病院のホスピススタッフが，末期がん患者の思い出話にじっくりと耳を傾けながら，人生最後のご馳走「リクエスト食」を創作し，それを楽しく幸せな時間とともに提供している，というドキュメンタリーです。

　なお，青山ゆみこ氏の『人生最後のご馳走』（幻冬舎）によれば，このリクエスト食の前身は毎月のイベント食だったそうですが，患者の在院期間が平均3週間であることから毎週行うことにし，しかも，家族や友人が集まりやすいように土曜日の設定にしたとのことです。また，患者が亡くなってから約半年後に執り行われる家族会では，担当スタッフが患者のエピソードを紹介しながらスナップ写真をスライドで映し出し，思い出を遺族とともに共有しているそうです。

　さて，一般に，死期の迫るホスピスの患者は，「なぜ自分だけ苦しむのか」「何を支えに日々を生きればよいか」「もう死ぬから頑張りたくない」等の苦悶の訴えもしてくるといいます。

　そこで，中学1年の最初の学級では，まずは問題解決的な学習を意識せず，

> A「スタッフは患者の何を変えたいと思っているか」
> B「患者は何に対して手を合わせたか。また，笑顔の意味は何か」
> C「リクエスト食や家族会は，スタッフにとってどんな意味を持つか」
> D「人を思いやるには何が必要か。また，思いやりはなぜ必要か」

> E「生きる意味や希望を見出せない患者に、あなたならどんな言葉をかけるか」

という発問群で授業を展開してみました。

ところが、発問Eに対して「それでも私はできる限りのことを精一杯したい」「亡くなったら悲しむ人がいる。私もその一人」という、患者に寄り添う応答がある一方で、それと同程度に「生きている限り誰もが苦しい。だから頑張れ」のような、真剣に励まそうとの意図はあるものの、却って患者の苦悩を深めかねない意見もありました。

これには本質的な原因が考えられ、例えば、「中学1年という発達の段階」「心情に関わる発問」「視点・立場変更による複眼的な判断」「死に絡む価値認識の醸成」等への検証と配慮が必要でしょう。

いずれにせよ、考える必然性のある問題に対して自己の基軸で思考したことを、他者を合わせ鏡に再吟味し、より広い視野や異なる文脈で考え議論する展開を志向する必要があります。

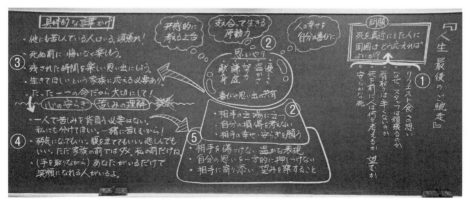

※ 板書写真に示した①〜⑤は、文中の発問①〜⑤に対応

そこで、三つの柱を基に、問題解決的な学習を構想しました。すなわち、
Ⓐ道徳的な「問題」の発見
Ⓑ道徳的価値に対する多面的・多角的な議論

Ⓒ自分なら何のためにどう行動するかの検討

等を意識して授業展開するのです。具体的には，番組の視聴後，

> ① 「患者やスタッフの抱えるどんな問題について語り合いたいか」
> ② 「なぜ，思いやりは大切か。実現する上で何を大切にしたいか」
> ③ 「絶望の淵に立つ患者に，あなたはどんな言葉をかけるか」
> ④ 「あなたの考えた言葉かけについて，級友の意見や感想をもとに振り返ろう。よりよい言葉かけを考えよう」
> ⑤ 「思いやりを実現する上で，あなたが大切にしたいことは何か」

という流れで進めました。

　まず，発問①については，一方では「死を前に人は何を考えるのか，望むのか」「望んでいる安らかな死とは，どのようなものか」といった患者の苦しみや望みに関する視点が出されたのですが，他方では「看取りは辛くないのか」「リクエスト食への想いは，どのようなものか」等，スタッフの辛さや想いといった視点が提出されたのです。そこで，この両者を結びつける道徳的問題として，「患者への応え方」について取り上げることにしたのです。

　次に，発問②への準備として，「このようなリクエスト食を提供するには何が必要か」を問うたところ，「優しさ・温かさ・努力・謙虚さ・献身」とともに「喜びや思い出を共有しようとする姿勢」が挙がりました。これを起点にすることで，思いやりが大切である理由として「共感的に考える土台になる」「支えあって生きる原動力である」等の意見が，また，思いやりを発揮するためには「相手の立場に立つこと」「損得を考えないこと」「相手の幸せ・安らぎを願うこと」を大切にしたいとの意見が発表されたのです。

　そして，発問②での応答を土台として，発問③と④を順に投げかけたわけですが，発問③では，前述の授業と同様に，患者の心の琴線には触れ得ない意見が多数認められたものの，発問④では，今度はそれを材料に議論し熟慮したことで，級友の多様な見方や考え方と，素直ではあっても一面的な自己

の思いとを止揚し，多面的・多角的な視点から考えを再構築して，より道徳的価値の自覚を深める契機にすることができました。

例えば，「望みを持って最期まで頑張って生きてほしい」等の言葉かけに対して，患者の命や人生を大切にした言葉であることに理解は示しつつも，自分が患者だったら「この期に及んで頑張る必要があるのか」「健康な人の感覚で軽率に励まされて気分が悪い」「末期患者には虚しく聞こえるだけ」と思うだろう，との意見が出されました。これには，ハッとした表情を見せたり，深く頷いたりする生徒が見られ，深く印象に残っています。

その結果，最後の発問⑤に対する発言では，「深く相手を思った言葉でも，本当に傷つけないかを慎重に考える」「自分の思いを一方的に押しつけない」等，場面に応じた熟慮の必要性を捉えたものとなり，発問②での発言「相手の立場に立つこと」「自分の損得を考えないこと」「相手の幸せを強く願うこと」等とは質を異にするものとなりました。

このように問題解決的な学習では，具体的な言葉かけという形で問題解決をした後，再び，その言葉かけの背景にある道徳的価値や人間としての生き方を照らし返すことが重要です。そのことで，単なる表現や技能といった方法論の問題ではなく，行為・実践と密接に結びついた道徳的価値が浮き彫りになるのであり，それを基底とする道徳的実践力が育まれるのです。

真の幸福には，希望と愛が必要です。三木清は『人生論ノート』で，「希望は生命の形成力である」とし，「希望は愛によって生じ，愛は希望によって育てられる」としていますが，本教材の場合も，やはり患者本人の真の幸福を優先しつつ，深い共感的・合理的理解をもって協働的に議論を進めていく必要があった，ということであり，問題解決的な学習という指導方法を選択したことが，その議論を効果的・重層的に活性化させたと考えられるでしょう。

多様な教材を生かした指導

1 横糸としての多様性

　孵卵期間において，親鳥は，卵の向きを数時間毎に変える「転卵」を行い，卵全体を温めます。同様に，感動に満ち，葛藤をはらみ，命の輝きを秘めた卵とも言える道徳的諸価値についても，多様な教材をストックし活用して，様々な角度からその全体を温めていく必要があります。

　道徳教材と授業の成否との間には強い相関があるという調査結果もあり，生徒にとっては意義深い授業を体験することに直結する極めて重要な要素と言えるでしょう。

　教材の種類・形式には，伝記，実話，論説文，物語文，随筆，説明文，解説文，作文，新聞記事，映像，音楽，漫画，写真，ポスター，劇・戯曲，講演，統計資料，さらに，より広い意味では，教師の説話，生徒の発言・感想や経験談，自分自身の心の声なども含めて，多種多様なものがあります。

　こうした豊かな教材を横糸として，年間指導計画へ適切に位置づけ，年35時間の道徳授業の世界を様々な角度から拡げたいものです。もちろん，道徳科の教科書にこの配慮は為されていますが，今後も，生徒や学校や地域の実態・願いに応えるために，新たな教材を開発・併用する努力を続け，どの形式の教材を横糸としてバランスよく配置するかを検討する必要があります。

　なお，言うまでもなく，多様な教材の精選活用に際しては，生徒の表面的な興味や関心に留意すること以上に，道徳科の目標や特質を踏まえて「この教材で何を考えさせるか」という授業のねらいを見据えることが重要であり，「提示する教材独自の道徳的価値の断面」に着眼することが必須です。

その上で,「各種教材が一般に有する特質」への配慮もしておきたいものです。一例として,映像教材の場合を挙げるならば,長所としての「具体的・視覚的に理解しやすく,深い感動も得られやすい」点を活かし,短所としての「一過性のため,場面やセリフを再確認しづらい」「情報量が多く,ねらいとする観点以外に注意が向く場合がある」点にも,一定の対策を講じる必要があるでしょう。

2 縦糸としての多様性

　学習内容の系統性の確保と表裏を成しますが,多様な教材を考えるもう一つの視点は,同じ種類・形式の同じ内容項目を扱う教材であっても,なお多様性を担保しなければならない,ということです。

　この縦糸としての多様性について,「礼儀」の場合で捉えるならば,例えば,以下のような学習の基本的輪郭についての質的上昇を構想し,それに応じた学習が確実に実現されるよう,同じ内容項目を扱った多様な教材の中から適切に選択する必要がある,ということです。

　特に,中学1年段階において,小6の道徳授業で目指した「山頂」より低い山を登るといった「逆・中1ギャップ」に陥らないような教材の選択と活用が求められます。

小1：親・先生・友達等に対して,気持ちのよい挨拶をし,明るく活動すること。

小2：身近な人に対して,適切な言葉遣い・振る舞い方等を心掛け,明るく楽しい生活をすること。

小3：家庭や地域の人に対しても,不快感を与えたり迷惑をかけたりしないように心掛け,真心をもって接すること。

小4：日常生活における礼儀の大切さを知るとともに,誰に対しても相手を尊重したけじめある言動を心掛けること。

> 小5：集団生活における礼儀の大切さを知るとともに，礼儀作法の形と心に触れ，礼儀正しく真心を持って接すること。
> 小6：時と場をわきまえた適切な言動をとり，和やかでけじめある人間関係を築き拡げていくこと。
> 中1：礼儀の社会的意義や心と形が表裏を成していることを理解し，互いのまごころを伝えて温もりある人間関係を築くこと。
> 中2：礼儀の意義に対する理解を深め，基本の型を土台にしながらの時・所・立場に応じた言動をとり，清々しい社会生活を送ること。
> 中3：時・所・立場に応じた言動を主体的に工夫し，温かで清々しい人間関係や社会生活を構築すること。

3 新聞記事を例にして

　新聞記事には，速報性や記録性が求められますが，同時に，人間性や社会性も顕在化します。したがって，人間の生き方や社会の在り方に関わって，「自分はどう考えるのか」と自問せざるを得ない切実な現代的課題に対峙させることができ，道徳科においても大いに活用したい魅力的な教材の一つと考えられます。

　「尊厳死」「脳死」といった生命倫理に関する記事，「赤ちゃんポスト」「60年前の赤ちゃん取り違え」のような幸福追求の在り方にも通じる記事，「救助でゴリラ射殺」「諏訪大社の蛙狩神事」という自然愛護・生命尊重・伝統文化等の多岐にわたる記事など，新聞は，中学生の興味関心を喚起し，深く考え議論させ得る道徳的問題の宝庫と言えるでしょう。

　例えば，平成20年9月18日産経新聞夕刊は，「美しい鳥取砂丘を守り育てる条例」への異論続出を報じています。「1日あれば自然に消える落書きに最高30万円の罰金はやり過ぎ」との批判がある一方，「落書きは10年ほど前から毎日行われ，年間130万人が訪れる砂丘への落書きは，短時間でも多く

の観光客の目に触れ，悪質性が高い」との反論もあるといいます。

　授業では，砂丘に描かれた巨大な「ドラえもん」の落書き写真を提示し，自由の範囲や公徳心に関して問題提起させた上で，条例案の中身を伝えました。

　その中身ですが，当初は「50メートル先から視認できるもの」となっていた部分を「面積が10平方メートルを超えるもの」に変更したほか，罰金の最高額も「50万円」から，重要文化財の損壊罪と同額の「30万円」に減額して提出した，ということです。

　そして，これらのことを踏まえて

---

①落書きをする権利は認められるのか
②砂丘への落書きを，どの程度悪質だと考えるのか
③砂丘への落書きに高額の罰金を科すことは正しいのか

等について理由・根拠も含めて考え，「正義の実現」と「集団の秩序維持」が保障された住みよい社会について議論したのです。その議論のプロセスにおける論点としては，学級生徒の実態によって異なるでしょうが，例えば，「落書きする権利と美しい砂丘を観賞する権利とでは，どちらを優先すべきだろうか」や「１日で消えてしまう砂丘上の落書きに対して，50万円以下の罰金を科すことは，正しいことなのか」等が考えられるでしょう。

　なお，最終的には，平成21年４月１日から「日本一の鳥取砂丘を守り育てる条例」として施行され，禁止行為としては，
　（1）落書き（表示面積が10平方メートルを超えるもの）
　（2）ゴルフボールの打ち放し，ロケット花火の発射など
　（3）缶，瓶，たばこの吸い殻，動物のふんなどの投棄
が挙げられるとともに，５万円以下の過料を科す，という形に落ち着いています。ただし，これは刑事罰とは違い，行政上の秩序罰であるため，実効性の確保という点での課題は残ったようです。

続いてもう一つ，具体例を挙げてみます。平成28年10月31日産経新聞夕刊によれば，電車内の化粧を批判的に描いた鉄道会社のマナー広告の動画に対して，ネット上で賛否が分かれていると伝えています。
　「無害なのに『みっともない』という理由だけでなぜ批判されるのか」「酔っぱらいや痴漢など，もっと迷惑な乗客はいる」との反発の声がある一方で，「恥ずかしいことだ」という賛同者や「ファンデーションが服に付く」との実害に関する報告もあるというのです。
　授業では，この新聞記事を中心に据えながら，補助資料として，平成27年度の駅・車内での迷惑行為ランキング（日本民営鉄道協会）を提示し，
　1位「騒々しい会話」（38％）
　2位「座り方」（31％）
　3位「乗降時のマナー」（30％）
　4位「携帯・スマホの着信音・通話」（26％）
　5位「ヘッドホンの音漏れ」（25％）
　6位「荷物の持ち方・置き方」（24％）
　7位「ゴミ・空き缶等の放置」（20％）
　8位「車内化粧」（17％）
　9位「床に座る」（16％）
　10位「喫煙」（15％）
の通り，8位に入っていることを確認しました。
　さらに，車内化粧に対する「許容可・許容不可・経験あり」の割合は，それぞれ10・20代で「30％・70％・56％」，30・40代で「22％・78％・30％」，50代以上で「14％・86％・14％」であり，世代間格差が見られる状況にあることも伝えました。
　そして，電車内でのマナーを切り口に，自由と勝手気ままの境界線や，寛容，責任，自律についての多様な見方や考え方に触れ，その根拠の正当性や合理性等を議論し，公徳心や個の自由について深く追求したのです。
　具体的には，「自由が保障される条件」「マナーや美意識を法で規制できる

か」といった観点から次の論点を準備し，議論を深めました。
　（ア）車内化粧はマナー違反か。そもそもマナーとは何か。そして，マナーを大切にする意義は何か。
　（イ）なぜ，みっともないことをしてはいけないのか。「みっともない」は主観的なものか，それとも客観的に言えるのか。
　（ウ）車内で化粧をするかどうかは，ルールで制限すべきことか。
　また，「化粧は満員電車でなければよいか」「口紅やまつげを整える程度ならよいか」「においがなければ良いか」等の条件変更や，「リップクリーム，ペットボトル，おにぎり，弁当，お酒」等，化粧以外の状況との比較対照を通して，多面的・多角的に考察していくこともできるでしょう。
　以上，新聞記事を例にして，「人間としてかくあらねばならない」という常識と「私はかくありたい」という良識との境界線を自分なりに引き，そのことを通じて「新しい自己発見・自己成長」を目指した授業を概観しました。
　新聞記事を教材とする際の留意点としては，現実世界の個人的・社会的・現代的課題を扱うだけに，多様な道徳的価値が折り重なる場合が多いということです。しかし複数の価値が衝突し表裏を成す場合には，22の内容項目のすべてが適切に指導されているという前提がありさえすれば，必ずしも一つの項目だけを主題に位置づける必要はありません。いくつかの道徳的価値を関連づけながら，焦点化された適切なねらいを設定していけばよいのです。
　最後に，新聞記事に限らず「多様な教材を生かす」ための根幹について確認しておきます。それは，「道徳的価値」やそこから捉えた「生徒の実態」の把握，思考を凝集すべき焦点としての「ねらいの明確化」，それを踏まえた「教材分析」と「活用方法」の吟味等が基本だという点です。こうした点への教師の着眼こそが，問題場面や登場人物の判断や心情を追究し，多面的・多角的な見方・考え方，意見や感想への傾聴を促すのです。
　そして，他ならぬ自分自身の考えを自ら練り鍛えていくことを可能にし，直面した道徳的問題の背景にある人間的意味を追求して，人生の意味を探求することに繋がっていくのです。

情報モラルと現代的な課題に関する指導

1 情報モラルと現代的な課題

情報モラル

SNS利用上の基本的な姿勢一つ取り上げても,「一度公開すれば削除不能」「公開範囲の完全管理は不可能」「匿名性の脆弱性(名前,本人,位置情報が割り出される)」「周囲関係者へのリスク拡大」「SNS投稿の結果予測が不十分」「問題性・危険性の法的根拠への理解不足」「容易に加害者側になる(名誉毀損・侮辱・業務妨害・肖像権侵害・著作権侵害等)」といった観点への配慮が必要であるし,これらに関する知識・技能や具体的な態度形成も,学校教育の中で押さえなければなりません。

ただし,道徳科では,それ自体に主眼を置くわけではなく,重要なのは,あくまでも情報モラルの問題に内包された道徳的価値にスポットを当て,それを通じて,主体的・協働的な学習を実現し,外面的・社会的な課題を超えて自己の内面的問題として克服しようとする点にあります。道徳科の特質に対する理解と配慮が求められます。

現代的な課題

次に,現代的な課題は,例えば,健康教育,消費者教育,防災教育,法教育,伝統文化教育,国際理解教育,キャリア教育や,科学技術の発展に伴う生命倫理の問題,社会の持続可能な発展を巡っての道徳的価値に関わる葛藤など,多岐に及んでいます。

しかし,ここでも重要なのは,課題の道徳的意味を自分との関係で捉えて

自己を見つめることであり，その解決に向けて多面的・多角的に考え続ける意欲や態度や姿勢を育むことです。

なお，特にこうした授業では，安易な結論や特定の見方や考え方に偏った指導は控えるとともに，ここでも22の内容項目のすべてに関する授業が行われたことを前提として，必ずしも一つの項目を取り上げての主題構成にこだわる必要はありません。

2 「ネット将棋」の実践

インターネット上の将棋・囲碁道場では，自分の棋力に合った好敵手はもちろん，実力差がある人とも，ハンディ戦で対局ができます。そして，対局結果で増減するレーティングから自己の棋力を確認しつつ，実力を養成していくのです。

さて，ネット将棋・囲碁におけるモラルハザードとしては，対局ソフトを利用して指す「ソフト指し」や，アカウントを他者に貸して指してもらう方法などが代表的なものですが，その他にも，誠実さに欠ける様々な行為が見られます。例えば，回線を突然切ったり，まだ序中盤だというのに一方的に投了して対局を打ち切ったり，無意味な王手や当たりを連続して切れ負け（時間切れ）に追い込んだりする等です。

そこで，『私たちの道徳』所収の「ネット将棋」では，投了の意思表示なしにログアウトする主人公と，誠実な態度で「負けました」「ありがとうございました」を言う敏和とを対比的に描きました。

まず導入では，ややもすると顔の見えない人間にはぞんざいな態度になりがちだということを前提に，平成26年に行われた第3回将棋電王戦では，トッププロ棋士の屋敷伸之九段がロボットの"電王手くん"に対してであっても，丁寧に深々と頭を下げて投了を告げたことを伝えました。

当時，日本将棋連盟会長であった谷川浩司氏は，「『負けました』といって頭を下げるのが正しい投了の仕方ですが，つらい瞬間でもある。しかし，

『負けました』とはっきり言える人はプロでも強くなる。これをいい加減にしている人は，上にいけません」と述べています。

さて，続いて展開段階ですが，「価値認識」に関する発問「敏和のツッコミに笑えなかった僕は何を考えたか」と問うた後に，A案では「心から負けを認めて手に入るもの，逆に認めずに失うものは何か」という「自己認識」発問を設けることにしました。

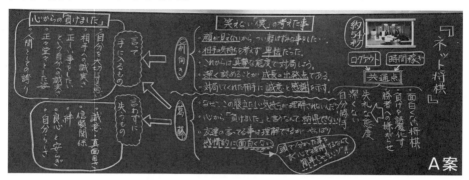

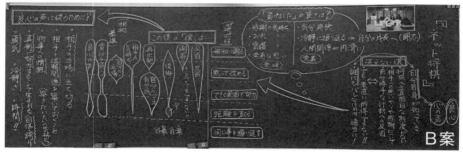

対してB案では「この後の僕が取り得る行為を挙げ，それは何を大事にした行為かを考えよう」と問い，縦軸に行為の種類を，横軸に行為の根拠・基準を板書して，その関連度を，挙手した生徒数を面積に変換して示しました。

二つの板書を比較対照すると，本授業がねらう「良心の声を強くするための促進条件」や「誠実に行動するための道徳的判断力と態度の育成」とも関連の深い「自分勝手・真面目・礼・感謝・相手の気持ち・信頼関係・出発・誇り・良心」などの，共通のキーワードが多数確認できます。

一方，A案の板書では，黒板右から中央にかけての「価値認識」を丁寧に追求した後，黒板左で「自己認識」に関する発言を求めたことで，「正々堂々とした姿」や「自分や相手への誠実さ」，あるいは「絆・安らぎ・自分らしさ」といった発言が見られました。

他方，B案では，A案の流れを展開前段で行い，後段で黒板中央の関連図を作ったことで，選択肢の行為の根拠・基準として「反省・謝罪・後悔・責任」等の多様な視点が出されました。印象深い議論としては，「後悔」の度合いが深刻であれば深刻なほど「距離を取る」以外に道はない，との意見に一定の賛同が得られたことがあります。

両案ともに各々の特長が認められ，主題・ねらい・学級の実態等に照らして評価すべきではありますが，いずれの授業も，道徳的価値の世界を新しく広げ深め，それに対して自分はどう考え，どう評価するのかを追求している点では共通しています。

これは，自分との関わりで道徳的価値を把握・内省し，「自己理解」を深めていくといった道徳科の一つの精神を見据えたものです。このように，道徳科として情報モラルを扱う場合には，その題材の底流にある道徳的価値を自覚することに資する授業を展開しながら，他の時間とも各々の特質・性格を生かしつつ連携協力を図っていきたいものです。

3 NHKの「オン・マイ・ウェイ！」

もう一つの例として，NHKの道徳番組「オン・マイ・ウェイ！」の「#05　伝統を守るってどういうことだろう？」を取り上げたいと思います。和太鼓への革新的な創意工夫と，大切にし続けるべき音へのこだわりを通じて，伝統を守り育てている6代目三浦彌市氏の話です。

授業の構想ですが，導入段階で，地域の伝統や祭り，さらには全国的に知られている西陣織，輪島塗，歌舞伎，能，人形浄瑠璃等の伝統に，高度な独自の技術・技能が詰まっていることを話したり，展開段階で，食器や茶道具

で有名な京焼・清水焼は，近年，アクセサリーや介護用食器の領域においても，高度な絵付けの技術を駆使して繊細で美しい作品を提供していることに触れたりすることも可能です。

あるいは，京菓子や剣道の世界にも「守・破・離」という言葉があり，まず10年自流を究めた後，10年他所で修業し，その錬磨の上に伝統を受け継いだ新たな技を編み出していることを伝えるのもよいでしょう。

ただし，本授業の要は，やはりロダンの言う「伝統とは，形骸を反復することではなく，その精神を継承することである」との意味を深く考え味わいながら，伝統を守り育てたいと思う道徳的心情を育んでいく点にあり，このことを見失ってはなりません。伝統の精神に対する正確な理解に基づいて，自己の見方や考え方を深めていくことが重要でしょう。

そこで，本授業のねらいを「彌市さんの和太鼓に対する創意工夫と守るべき音へのこだわりを通して，形を柔軟に変化させながらも，その底流にある精神を継承することの重要性に気付き，伝統を守り育てようとする心情を育む」とし，具体的な発問としては，例えば，

---

① 「革新的な和太鼓を，なぜ生み出すことができたのか」
② 「革新的な和太鼓を創ったときの自信は，何に対するものだったか」
③ 「初代彌市の和太鼓と出会って，なぜ6代目は衝撃を受けたのか」
④ 「祭りの体験で得た自信は，革新的な和太鼓を造ったときの自信とどう違うか」
⑤ 「何が伝統を守る力となるのか。また，なぜ伝統を守る必要があるのか」

を考えてみたいと思います。

発問①に対しては，「音作りを楽しむというニーズ」「彌市は和太鼓の演奏家」「自分のワクワクを第一に」等の発言が出されます。そして，それらの理由から創造された革新的な和太鼓に伴う自信は，発問②を通して，「閉店

のピンチを救ったこと」「時代に合ったものを生み出したこと」「創意工夫から新たなものを生み出していること」に対するものだと気付きます。

さらに，発問③で，彌市が衝撃を受けた理由として，「自分の和太鼓にも染み込んでいる伝統の音」「長年愛されてきた音の力強さと魅力」「他の太鼓とは全く異なる独自の存在感」等を見出すのです。

発問④では，発問②とも比較しながら，「生きた音作りへの手応え」「伝統の音を守る大切さへの気付き」「音を見極め再現する姿勢と技能」というより確かな深い自信の素晴らしさを理解し，最後の発問⑤で，「創意工夫，物事の本質，技術と技能，時代の要請」に基づきながら，「一度失われると再興が困難」で「数少ない職人の技術と真心が詰まったもの」としての伝統を守り育てていく必要性について議論したのです。

なお，道徳番組「オン・マイ・ウェイ！」はNHKのHP上にもアップされており，また，10分間で視聴できるので，議論を大切にする道徳科においても活用しやすい教材と言えるでしょう。

4 価値的視点の練磨

内容項目の研究は，どの授業を構想するにしても深められるべきものですが，とりわけ，ややもすると道徳的価値の視点が薄れがちな情報モラルや現代的な課題に関する指導では，意識的に取り組む必要があるでしょう。

およそ道徳授業は，主題のねらいと教材と生徒の実態から構成されますが，教材を通して人間的意味や人生の意味を深く考え味わったり，生徒の心の実態を理解したりするといっても，詰まるところ，教材の論理的な文脈や客観的な生活事実の把握に留まらず，それらの底流にある問題の本質とその善し悪しを判断する必要が出てくるのです。

結局，道徳的価値の本質に照らして判断する他ありません。その観点からも，道徳的価値の本質的な理解は極めて重要であり，自己の価値的視点の練磨は，主題のねらいを簡潔化・具体化するための基礎条件と言えるのです。

家庭や地域との連携，生徒の発達や個に応じた指導

1 家庭や地域との連携

家庭との連携

　家庭との連携では，年に1度は授業公開を行い，時には，保護者も授業に参加し発言して，道徳科や道徳教育への理解が深まる契機とします。

　参観後の保護者会では，個別に生徒感想を配付し，親子の考え方を比べながら保護者同士で語り合ったり，道徳通信や学級通信等で，道徳教育や道徳科の様々な取組を知らせたりして，協力体制を確かなものにしていきます。

　こうした家庭との基本的な連携を基盤に，家族愛を扱う授業前には秘かに「保護者からの手紙」の協力を得たり，生命尊重の授業ではゲストティーチャーとして我が子の誕生の瞬間や子育ての喜怒哀楽を語ってもらったりするなど，生徒の心に深く刻まれる印象的な道徳授業を創り上げたいものです。

地域社会との連携

　地域社会との連携では，費用面の負担を考慮し，可能な範囲で進めます。例えば，大阪の郷土教材，寛政の初めに「窺天鏡」（望遠鏡）を作った岩橋善兵衛では，授業前に，貝塚市の善兵衛ランド館長の講演会を行いました。

　偉人に関する教材では，人物の人生を俯瞰した記述となりがちですが，館長が映像を交えて善兵衛の業績説明や人となりを話したことで，技術者・科学者である善兵衛の人間としての生き方が，鮮やかに立ち上ってきたのです。

　このように，様々な形の連携が考えられますが，道徳授業に資するための明確な意図を相互に共通理解し，より一層の充実を図りたいものです。

2 生徒の発達や個に応じた指導

　発達の段階や個に応じることへの配慮では，学年間や校内，校種間の連携を密にし，学年ごとの縦断的な内容項目の深まりや拡がりを計画し，柔軟で優れた指導方法を創造し確立していくという面を大切にしたいものです。

　その際，①「心理学的な一般的傾向や地域特性」と②「個人差の著しい生徒個々の状態・特徴・志向等」の両面からの分析と総合を重視します。

　①では，例えば「他律」「社会律」「自律」の流れを念頭に学年，学級，生徒の傾向を捉えたり，学校の立地環境・規模や校訓・行事，地域の歴史や産業，3世帯同居率や就学援助率の割合等を考慮しておくのも一案です。

　②では，例えば，休み時間に楽しく話している様子の生徒が，実際には神経を擦り減らして人間関係を維持するという「賑やかな孤独」状態にありました。一歩踏み込んで生徒の心の実態を掴むことで，主題やねらいに照準の定まった視角が生じ，ひいては生徒の胸により響く指導が可能となるのです。

　なお，特に配慮を要する生徒にも適切に対応するため，視覚的にも教材内容を示したり，話し合いの論点を黒板に書いたり，心情円板で意思表示させたりする等，インクルーシブ教育の観点もより一層重視したいものです。

推奨したい取組

　最後に，推奨したい取組を二つ例示します。一つは，校種間の異同を捉える活動です。小中学校が連携・協力する出発点として，文部省資料『虎』を用いて，小5と中1で実践しました。授業の骨格は自ずと似るのですが，基本発問の積み重ね方や児童生徒の反応には異なる点が多数ありました。

　もう一つは，学年間の異同を活用した取組で，中1と中3の学級生徒を半数ずつ入れ替え，全国盲学校弁論大会で優勝した井上美由紀さんの「母の涙」を実践したところ，1年は上級生の多様で鋭い発言に感動し，3年は，下級生の一面的ではあっても素朴で純粋な感性に耳を傾けたのです。

コラム　道徳教材研究～宮澤賢治『雨ニモマケズ』～

　長じてから改めて見つめると，最後の２行「ソウイウモノニ／ワタシハナリタイ」の言葉と行間・余白に，賢治の苦悩の心の叫びが聴こえ，一度，地理や歴史も調べ直した上で現地を訪れたいと考えたのでした。
　岩手県は日本２位の面積ですが，北上川の両岸以外は山地で，東はリアス式海岸，気温は亜寒帯であり，17世紀からの300年間は４分の３が凶饉の年でした。死の前年に完成した『グスコーブドリの伝記』とその原型『ペンネンネンネンネン・ネネムの伝記』が20歳台半ばに制作されたことや『雨ニモマケズ』の「ヒデリノトキハナミダヲナガシ／サムサノナツハオロオロアルキ」が，なぜ私の心の琴線を鳴らし続けるのかが分かったような気がします。
　そして，冷夏の花巻で，賢治ゆかりの地や宮澤賢治記念館を訪れ，『雨ニモマケズ』を深く知る中で，道徳教材として私なりに新しい発見をしました。

①東や西に苦しむ人あれば「行ッテ」重荷を背負い，南に死にそうな人あれば，（「シズカニ」の文字を修正して）「行ッテ」不安を鎮めています。これこそ，「知行合一」とも重なる，心に深く刻むべき語句でしょう。
②詩に題が無く，最後の２行は２字下げであることに気付いて，この「ソウイウモノニ／ワタシハナリタイ」は，自分の心に言い聞かす静謐の中の誓言と思え，範読・朗読も低く，一語一語かみしめたいと考えました。
③「ホメラレモセズ／クニモサレズ／ソウイウモノニ／ワタシハナリタイ」は，黒色レザー装の手帳を閉じると南無妙法蓮華経の文字を中心として六如来菩薩名等が書かれたページとピタッと合わさり一体となります。賢治の信仰の厚さとともに，『雨ニモマケズ』の通奏低音が聞き取れます。

　イーハトーブの地に賢治の生き方を学ぶ中で，『雨ニモマケズ』は，道徳教育でこそ深められる部分もあるのではないか，と思ったのでした。

第4章

授業構想と実際の授業づくり

CHAPTER
4

第4章

授業づくりへの準備

　この章では，小学校の定番教材の一つ『二わのことり』を用い，中学1年生を対象に行った授業を巡って詳解していくことにします。なお，本授業は，道徳科の指導体制を全教師が協力・理解し合って強化したり，教師個々の授業力を向上させたりする意図から，持ち回り（ローテーション）授業の一環として実施したものです。

1 内容項目の理解

　内容項目に含まれる道徳的価値に対する教師の理解は極めて重要で，教材観や生徒観を描き出すときの羅針盤となるものであり，さらには，道徳授業の実際場面でも，生徒の意見や感想を生かしながら次のより高い段階へ的確に展開していくための「タクト」力に通ずるものであります。
　そこでまず，中学校の学習指導要領解説のB-(8)「友情，信頼」を手掛かりに，友情の特質を探ってみました。すると，真の友情に関する多様な断面が多岐にわたって述べられているのですが，ごく大づかみに整理しますと，知識や技能に対する「信用」とは質を異にする，友達の人間性に対する「信頼」を基盤として，「相互性」「対等性」「協力性」を保持しながら個性豊かに「切磋琢磨」していくことが，友情の本質であることが浮かび上がってきます。
　また，「心からの友情やその尊さについての理解」「相手に対する理解」を深めることも大切だとしており，友情を感性的に捉えるだけでなく，理性的・悟性的にも深めていくことの重要性も浮き彫りになっています。
　次に，小学校の学習指導要領解説のB-(10)「友情，信頼」に目を通しま

すと、「信頼と切磋琢磨の精神」を基軸に、互いに影響し合いながら、心配し助け合うこと、協力し合うこと、互いのよさを認め学び合うこと、支え合うこと、磨き合い高め合うこと、人格を尊重し合うこと、等の観点が示されています。

これらを参照しながら、改めて中学校の解説を読み直せば、「個性を認め」などのように、表現は多少違うものの小学校でも共通に重視されていた観点を除くことで、「忠告し合うこと、競い合うこと、心を許し合うこと」、そして何より、「相手の人間的な成長と幸せを心から願いながら、悩みや葛藤を乗り越え、生涯にわたり尊敬と信頼に支えられた友情を築くこと」が、中学生ならではの観点として浮かび上がってくるのです。

もちろん、「よさ・個性」や「協力」、「高め合い」のような共通の観点であっても、小中学校ではその深さが異なることへの配慮は必要であり、逆に、中学生独自の観点とは言っても、小学校の観点の延長線上に位置するという意味では一定の関連づけを考えるべきではありますが、いずれにしても、友情と信頼の関係やその道徳的価値の内包を多面的に把握しながら内容項目を理解することが肝要です。

2 生徒の実態把握

先年、1学期末に中学1年生を対象にアンケート調査を行ったところ、トラブルにあったとき友達に相談する割合は62％であり、保護者へ相談するという割合の58％を超えていました。

また、困ったときに力になってくれる親友の数については、「いない」が4％、「1～2人」が11％、「3～5人」が30％、「5～9人」が18％、「10人以上」が35％でした。

「いない」に関しては、孤立している場合には生徒指導・カウンセリング上の課題として対応する必要がありますが、未だ深い友情を築くまでには至っていないと考えるのなら、むしろ真の親友像を明確に想い描いていると

言え，内的な熟成を待つ姿勢も大切になるでしょう。

　一方，「10人以上」が35％というのは，中学３年時の調査結果に比べて非常に高い数値であり，実際，趣味や話が合う，部活動が同じ，等の表層的な理由が挙がっていることからも，真の友情の意味や意義に対する理解や経験が浅いという実態が滲み出ているとも考えられます。

　この調査を行った中学１年生の中にも，先述した「賑やかな孤独」の状態にある生徒が学級に数名おり，「解説」の記述のとおり，「心の底から打ち明けて話せる友達を得たい」という想いとは裏腹に，「最初から一定の距離をとった関係しかもたない」という状況が見られます。

　また，ある生徒たちが「９時から」ゲームをして遊ぶ約束をしていたので，「明日，朝から一緒に遊ぶのか」と訊くと，「今晩」だと言います。そこで，「そんな遅くに出歩いてはいけない」と注意すると，各自が「自宅に居ながら遊べるんです」と言うのです。

　夜間徘徊は杞憂に終わったわけですが，こうした空間や言葉を共有しない世界に生まれる希薄な人間関係を，面倒なものではなく，むしろ居心地のよい充実感を抱くものと考えることには，これはこれで，深刻な今日的課題が横たわっています。

　2013年９月５日の朝日新聞で，４コマ漫画「ののちゃん」は，級友が「世の中の役に立つ人になりたいです」「困っている人を助けてあげたいです」と模範解答を発表する中，「困ったときに助けてもらえる人になりたいです」と答えています。

　どうやら先生の期待した反応ではなかったようで，私も思わず笑ってしまったのですが，次の瞬間には，「そういう人になるには一体どうしたらよいのか」を真剣に考え込むことになったのです。そして，「解説」にもある「いざというときに頼ることができる」関係を築くには，まずは自分自身が相手の成長と幸せを願いながら，声なき声に耳を澄まし，心を澄ましていく必要があるのではないかという考えに至ったのです。

　翻って，上述した生徒が直面する実生活を反映した心の実態もまた，過去

の様々な経験や記憶を伴いながら，友情を結び合うための第一歩が踏み出せずに悩んでいることを物語っています。それは，周囲の誰か一人でもいい，その助けを求める声なき声に耳を傾け，温かな眼差しを向け続けることの意義や意味について追求することで，互いに錬磨し合い人間的成長が期待できるということではないでしょうか。

3 教材研究と分析

　現在，『二わのことり』は，1社を除く7社の小学校1年生の道徳科教科書に載っている定番教材ですが，文部省が昭和39年から3か年にわたって編集刊行した「小学校 道徳の指導資料」には，Ⅱ-1-17『二羽の小鳥』として児童文学作家・久保喬の原文により近い形で掲載されています。

　あらすじは，「やまがらは自分の誕生日会に小鳥たちを呼んでいたが，その日はうぐいすの家で音楽会の練習もあり，小鳥たちは明るく綺麗なうぐいすの家へ飛んでいく。楽しく歌を歌い，ご馳走も食べ，こっちへ来て良かったね，と言い合う。しかし，みそさざいは，歌っていてもご馳走を食べていても楽しくはなく，うぐいすの家をこっそり（現在は5社で"そっと"と表現）抜け出して誕生日会へ行き，やまがらは涙を浮かべて喜んだ」というものです。

　当時に使用された「小学校 道徳の指導資料」では，やまがらの謂れなき厳しい立場や小鳥たちの内面が滲む描写が随所に見られ，例えば，
　① 「山の おくの ふるい 大きな 木の あなで くらい さびしい ところなので，いきたがりません」
　② 「けいこですから，むりに きょうは いかなくても よいのです」
　③ 「やまがらくんの うちなんか さびしくて つまらないや」
　④ 「ごちそうも ないよ」
等の表現が確認できます。

　一方，現在使用されている教材では，例えば①は「やまの おくの おおき

な　きの　あなで，さびしい　ところに　あります」という表現に留めて，これを必ずしも行きたがらない理由として断定しないように配慮しており，また，前述の②③④などの文言は削除されたり，直接的な表現を避けたりしている場合が多いと言えます。

　中学１年への授業を構想するに当たり，各場面をどの程度まで詳細に表現した教材を使用するのかは，授業のねらいや発達の段階，心の実態を考慮する必要がありますが，友情・信頼に関する主題構成を考えるとき，予断と偏見が人間関係づくりに影響するといった状況は視点が拡散するとの立場から，現代版の教材の方が焦点化は容易だと判断しました。そして，留意点として，文部省資料にある②の文言を，授業展開上の必要に応じて提示することにしました。

　いずれにしても，どの教材の場合でも，
　Ａ「やまがらが誕生日会へ招待する場面」
　Ｂ「みそさざいが迷いながらもうぐいすの家へ行く場面」
　Ｃ「みそさざいが楽しめずにいる場面」
　Ｄ「みそさざいがこっそり抜け出してやまがらの家へ飛んでいく場面」
　Ｅ「やまがらが喜ぶ場面」
の５つの場面で構成されている点では共通しており，中学生ならば，一読して各場面の情景や思考・心情の移り変わりがある程度まで把握できるため，場面Ａでの招待したやまがらの気持ち，場面ＢやＣでのみそさざいの葛藤の中身等は，発問するにしても軽い扱いで十分だと考えました。

　一方，場面Ｄは，みそさざいが決断し行動に移すという物語の重要な山場であり，「こっそり」抜け出したことの道徳的意味に関しては，中学生でも一定の躓きがあり，立ち止まって多面的・多角的に吟味する必要があるでしょう。

　また，場面Ｅについても，誕生日会における２羽の「嬉しさ・楽しさ」とうぐいすの家にいる他の小鳥の「嬉しさ・楽しさ」との質的な差について，十分に語り合うことも期待できる教材です。

4 発問構成

　およそ愛とは，危機的状況に瀕したときにこそその真価が試されるものです。友情・友愛も愛の一つの形態である限り，「まさかの時の友こそ真の友」という言葉が示す深くて厳しい世界に意識を向けておく必要があるでしょう。
　『二わのことり』は，誕生日会に招待した小鳥が一羽も来ないという，まさに危機的状況に置かれたやまがらと真の友情の絆を結び合ったみそさざいの物語であり，先に述べた生徒の実態も，「いざというとき」に親身になって傍にいてくれる存在にスポットを当てることを，無言の声で要請していると言えるでしょう。
　思うに，仮に10羽の小鳥がいれば，形の上では45通りの小鳥どうしの関係が生まれるわけですが，果たして，それら全てが強固なものだとは言い切れないでしょう。例えば，白川郷の合掌造りに用いられている「ねそ」という縄は，年月とともに強度を増して締まっていくと言いますが，真の友情関係も，そのようなものでありたいと思うのです。脆弱で経年劣化していく表層的な関係とは質を異にする強固な友情関係は，あるいは，みそさざいとやまがらとの関係１通りの中にしか見出せないのかもしれません。
　そしてまた，文中の副詞「こっそり」は，友情とは常に「１対１」の関係であり，「１対多」のように一つ一つの絆の結び目が不明瞭な状態では成立し得ないことも強く示唆しています。中学生に対してならば，真の友情が個々の厳しい主体的判断を基盤とした行為から培われるという「人生の真実」に対峙させる教材として活用することもできるはずです。
　さて，発問づくりですが，文部省資料の指導案では，留意点に「単純に同情とか親切とかで割り切らせることなく」「友達の気持ちを深く思いやることが，望ましい友人関係を作るのにたいせつである」を挙げつつ，「みそさざいが，途中からやまがらのところへ行ったのは，どんな気持ちからか」という中心的な発問が提示されています。

ただし，ここでは副詞「こっそり」については深入りしていません。実際，他のいくつかの授業記録では，「なぜ，うぐいすの家をこっそり抜け出したのでしょうか」と発問することはあっても，ほとんどは「抜け出した」理由が返ってくるのみで，「こっそり」の理由に真正面から答えるのは難しい状況にあります。よしんば答えたにせよ，小学校低学年の発達の段階に照らしてみても，「皆が楽しんでいるので悪いと思ったから」という水準に留まりかねないと思うのです。

　しかし，中学校での実践では，生徒の発達の段階や心の実態，さらには教材の特長に鑑みて，副詞「こっそり」を素通りするわけにはいきません。むしろ，「こっそり」について徹底的に考え議論し尽くすことで，中学生としての友情の条件や友情観を新たに掘り起こしてもらいたいと考えます。

　そこで，みそさざいが誕生日会に「行った」こと自体は誰もが評価するところですが，「こっそり」出たことに関しては評価が割れるとの予想の下，授業冒頭から「あなたは，みそさざいの"こっそり"を支持するか」について判断し議論する授業展開を目指しました。

　みそさざいの真意や生き方を直視することで，意思ある主体的行為を目指すとともに，真の友情・信頼を築いていく縁となるならば，中学生にとっても深い意味をもつ発問として位置づくでしょう。

　具体的には，「価値認識」や「自己認識」を促すために，「"こっそり"出た理由をどう考えるのか。また，あなたはその行為を支持するのか，しないのか。その理由は何か」を問い，続いて「自己認識」の視点から「"支持する・しない"の理由を述べ合い，互いに質疑応答し合おう。そして，自己の考えをより根拠のある明確なものにしよう」と指示して，議論を促すのです。

　さらに，「価値認識」をより一層深化させるため，「対立軸や共通の根拠等に着目して論点を焦点化」して議論を練り鍛え，最後は「あなたは，みそさざいの"こっそり"という行為に対する議論から，友情について新しく何を学んだか」を問うという発問構成を考えることにします。

5 評価の観点と視点

　さて，道徳科の評価を適切に行うための「観点」と「視点」を設けます。「観点」は，教師の立場から目標や計画，指導方法の改善・充実に取り組むための資料・情報収集の基軸であり，「視点」は，生徒の立場で自らの成長を実感し，意欲の向上に繋げていくための方向性を指し示すものです。

　まず，授業に対する評価の「観点」については，授業者の眼で各授業場面を自省することも重要ですが，例えば，授業の最後の1分間で，次のような簡単なアンケートに5件法で回答させるのも有効です。なお，これらは授業評価であって，生徒評価ではないことに留意する必要があります。

　①使った教材は心に残りましたか。
　②級友と議論し，多様な考えに刺激を受ける場面はありましたか。
　③授業を通して，自分自身の中で新しい発見はありましたか。
　④自分自身の今の生き方について，考えることができましたか。
　⑤自分自身の将来の生き方について，考えることができましたか。

　次に，生徒の気付きや思考の深まり，実践への意欲に対する「視点」ですが，これは授業のねらいや発問とも密接に結びついており，本授業では，

　①「こっそり」に対する是非の根拠を，多様かつ批判的に考えること。
　②質・量の両面から吟味し，友情の真の豊かさへの理解を深めること。

を一案として挙げておきます。このような「視点」を設けて，生徒の心の姿や変容の実際を具体的に蓄積し，学びの過程の可視化を図っていくのです。

　なお，指導要録への記述では，「解説」の「個々の内容項目ごとではなく，大くくりなまとまりを踏まえた」個人内評価である点を踏まえるとともに，授業後の生徒との遣り取りや，生徒や保護者へのメッセージでもある通知表では，具体的な内容項目に関わって評価することを躊躇せず，平成28年の専門家会議の報告書を参考に，「特に顕著と認められる具体的な状況を記述」して，真に，よさを見出し励ます評価となるよう努めたいものです。

学習指導案づくり

1 学習指導案の枠組

主題構成

　学習指導案の形式に特に決まった基準はありませんが，しかし，学習指導案の実質においては，主題構成の要諦を押さえておく必要があるでしょう。

　ところで，主題とは一定の道徳的価値を含む具体的内容であり，生徒にとって切実性を有する主たる問題です。それは，教師にとって，必然的に指導の方向性をも展望することになります。したがって，主題構成を，ごく簡潔に「ねらいの導出過程である」と捉えておくこともできるでしょう。

　そこでまず，主題構成では，

> ①指導内容に含まれる道徳的価値に対する教師の捉え方としての「主題観」
> ②道徳的価値に関する生徒の日常傾向や心の実態としての「生徒観」
> ③使用する教材だけが持ち得る独自の特質としての「教材観」

の三位を一体化することで，

> ④教材を生かす具体的な活用方法なども含んだ指導の方向性としての「指導観」

を浮き彫りにしていきます。そして，これらの観点を統合し，

> ⑤具体性と簡潔性を兼ね備えた「ねらい」

を導き出した上で，最後に，

> ⑥体言止めで明確に表現した「主題名」

を記すのです。

　具体例としては，中1対象の『二わのことり』を行う場合，まず主題観には，「解説」の「内容項目の概要」も参考にして，「危機的状況においてこそ真価が問われる」「相手の幸せを願う対等な関係」や「信頼・敬愛」「切磋琢磨・忠告」等を挙げて，真の友情の輪郭を描写します。友情の促進条件も，「共に信じ，待ち，悩み，乗り越える」等の観点から考察し，さらに，友情の意義も，人生のどのような豊かさに通ずるのかを記述します。

　次に，生徒観では，まず，「解説」の「指導の要点」第1・2段落の内容や日本青少年研究所等の調査を参考に，例えば，「いじめやけんかをやめさせたり，注意したこと」の割合が米中韓に比べて極端に低く，「友だちが悪いことをしていたら，やめさせること」に対する中高生の割合が小学生と比べて減少傾向にあること，「友だちに合わせないと心配」とする割合も36％であることに触れながら，一般的・全般的な傾向を示します。その上で，友情に対する学級の実態として，互いに高め合う友情関係に憧れを持ち始めたという具体的事例を挙げたり，課題である「賑やかな孤独」に触れたり，友情に関する学級アンケートの結果を示したりして，考察します。

　続いて，教材観ですが，例えば，「こっそり」を通して，発達の段階に応じた多様な考察ができるという教材の特長を挙げ，小学校教材を用いる意義について触れます。特に，中学段階では，「友情は，あくまでも1対1の関係で，それゆえ，自己の責任で行為を選択し，自分らしい友情を築いていかねばならない」といった友愛の厳しい一面へ肉薄し得る点を指摘します。

そして，前述した主題観，生徒観，教材観を結びつけることで，ほぼ必然的に指導観の方向性が導出されるでしょう。具体的には，例えば，「本教材のキーワード"こっそり"に焦点化し，『あなたは，"こっそり"出た行為を支持するか』のディスカッションを通して，みそさざいの真意や生き方を直視させ，友情を培うための責任ある行為を大切に，友情・信頼を質的側面から構築していく場としたい」のような一文をその一部として組み込むのも一案です。その際，「解説」の「指導の要点」第3段落も参考になります。

　最後に，「ねらい」と「主題名」ですが，まず，ねらいの例としては，

- （A）みそさざいの葛藤とこっそり抜け出した場面を通して，真の友情を育むための責任と決断の在り方に気付き，
- （B）いざというときにこそ親友の成長と幸せを希求しようとする
- （C）道徳的判断力を育む

のように示すことが考えられます。ここで，（A）（B）（C）は説明のため便宜的に付したものであり，重要なことは，

- （A）で，教材内容についての核心部を具体的に明示し，
- （B）では，内容項目から導き出し焦点化した視点を示し，
- （C）には，道徳的判断力，心情，実践意欲と態度を考慮して示す

という点にあります。場合によっては，このねらいの文言の中に，具体的な学習活動を組み入れて表現することも考えられるところです。

　主題名については，「憂節に培う二羽の友情」のように，指導要領にあるキーワード「友情・信頼」に教材観などが僅かに感じられる程度の膨らみをもたせ，同じ内容項目を扱う他の授業との差異化を図りたいところです。

展開の大要

　学習指導過程である「展開の大要」は，一般には「導入・展開・終末」に区分されます。そして，展開段階は，道徳的価値の自覚に肉薄する「①中心発問」と，その伏線や発展としての「②基本発問・補助発問・追求発問」で構想します。また自己を見つめ，磨き，生き方を展望するという方向を意識

し,「多面的・多角的に考え,能動的に議論する表現活動」の場を探ります。
　発問形式は,ねらいに資することを必須条件に,柔軟かつ創造的に考えます。例えば,「心情・思考」「理由・根拠・目的」や「道徳的価値の輪郭と内包・外延」を探求することもあります。また,「登場人物に自己投影」したり,「登場人物と自分とを同化・異化」したりすることもできます。さらに,自己実現への「阻害条件」「促進条件」を探り,価値を適用し実現することの「意義や意味」「手がかりや糸口」を考えてもよいでしょう。
　本教材で言えば,みそさざいの「こっそり」への立場表明から多面的・多角的な議論を進めるとともに,例えば「皆を誘うことの是非」「大人数は楽しいか」「みそさざいの責任とは何か」「やまがらはどんな誕生日会を喜ぶか」等の論点に生徒発言を生かしながら焦点化し,最後には,それらを踏まえて真の友情の在り方について再構築し直すような流れも考えられるでしょう。
　なお,発問に対する生徒の反応予想はいくつか考えておくべきであり,そのことで,主題のねらいに対する各発問の位置づけ,発問どうしの関係や役割が明瞭になります。また,場合によっては,より洗練された発問が工夫されていく端緒が得られるかも知れません。

評価の観点と視点
　道徳科の学習指導案では,評価の観点・視点や方法にも触れたいものです。まず,評価の観点からは,「友情への新たな見方や考え方が生まれたか」や「みそさざいの生き方を通して,友情についての自分の目標や課題を見つけられたか」等に回答させるなど,様々な側面から判断材料を収集します。
　また,評価の視点からは,例えば,「皆を誘って誕生日会に行けばよいと思っていたが,やまがらの楽しさの質を考えると,そう単純な話ではないことに気付いた」「私がみそさざいなら皆を誘うけど,逆にやまがらなら,自分の意思でたった一人来てくれる方が嬉しい」のような多面的・多角的な見方や自我関与した思考が表現された生徒発言・感想に着目し,生徒の成長を積極的に認め励ます記述式の個人内評価に結び付けたいものです。

授業の実際と揺らぎ

　最初の学級では,「"こっそり"出た理由」を単刀直入に問いました。中1の発達の段階に照らして深く多様な理由が発表されると踏んだのですが,実際は,「練習の途中に抜けることは良くない」という礼儀や,「他の鳥に面白くないと思わせないように」という思いやりに関することが中心で,これらは,小学校低学年の発言にも認められる理由でした。中学生らしい意見としては,「一度,自分も音楽会の方へ来ているので」という自己への後ろめたさや自責の念から堂々とは振る舞えないとの発言があるのみでした。

　そして,「こっそり」に対する説得力のある理由が不明瞭なままに授業を展開したため,自己保身への損得勘定を根拠に行為を選択・決定するという,ねらいに迫り得ない浅い議論が交わされることとなりました。

　結果,「友情について新たに学んだこと」として,「デリケートで難しいもの」「適度さをもって判断し行動する」「デメリットも考えて慎重に行動する」「罪悪感や悲しみを持たせない間柄」など,人間関係全般については一定,必要な要素や条件を述べてはいるものの,生徒の実態そのままに,ガラス細工のような友情観が如実に現れるだけに留まってしまったのです。

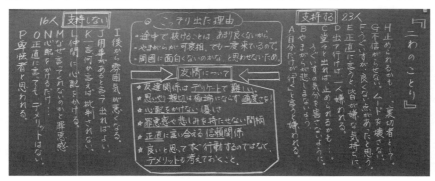

そこで，２番目の学級では，①「こっそり出る」以外の選択肢を問い，その上で，②みそさざいが他の選択肢は採らずに，なぜ「こっそり出た」のかを考えることにしました。最初の授業にはない「落ち着いてゆっくり祝う」「誘っても無駄」等の視点も出され，授業中盤の洗練された議論への基盤を築くことができたのです。そうして，③「こっそり出た」ことへの支持・不支持を表明させ，相互の対立軸や共通項に着目した議論を行いました。

　その結果，下の写真のとおり，「皆を誘うことと一人で行くことの比較対照」へ自然と議論が焦点化し，必ずしも大人数での誕生日会が素晴らしいわけではないといった視点が提示されました。最後の④「真の友情とは」の発問で，「流されない」「合わせるだけでない」「自己の考えを貫く」「約束を守る」といった，最初の実践には見られなかった意見の発現に繋がったのです。これは，生徒の友情関係の実態に一石を投じる可能性を秘めた観点であり，生徒の心奥に沈殿していた声なき声であったかもしれません。

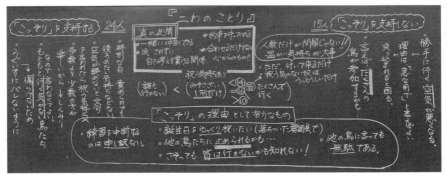

　ところが，同一の指導案にもかかわらず，３番目の学級では次頁の板書のように，全く異なる展開となりました。授業終盤で問うた「真の友情の姿」では，「正しいと思ったことを一人で行う」との意見は出たものの，終末時の感想では，やはり友情の質と量への言及は少なかったのです。その理由は，「皆で行けば賑やか」との発言に対して，「こっそり」の支持側から反論がなかったからですが，しかし，より本質的には，授業者の私が生徒発言を適切に生かし得なかったということです。今，冷静に振り返り吟味すれば，例え

ば,「歌の練習の方が他の鳥たちには良い」との発言を機に,「良し悪しの基準」を問うたり,授業中盤の発言に対して「やまがらは何を望むのか。賑やかさか」と焦点化したりするなど,ほんの小さな言葉の投げかけにより,「いざというときに親友の幸せを願って主体的に責任を果たす」との切り口から鋭く友情の在り方に迫る,より良い授業が成立しただろうと考えます。

　もちろん,2番目と3番目の授業にはそれぞれに長短があるでしょう。ただ,3番目の実践のように,より多くの人々と温かな関係を結んで友情・信頼を築くという方向ならば,他の教材でも実現可能であり,また,今回の主題構成の趣旨に鑑みても,私は,友達の量よりもその質を深め磨く方向で自己の心田を耕し得る2番目の授業展開に,より深い意義を認めるのです。

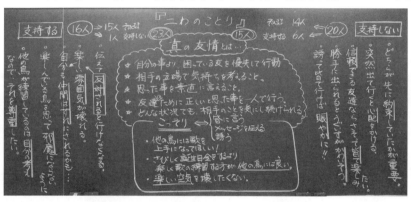

　そこで,最後の学級では,ねらいに直結する生徒発言を見逃さないように注意しながら,1度目の立場表明における理由づけの根底に潜む本質的課題を炙り出しつつ,それに対する再度の立場表明を要求したのです。

　すなわち,「こっそり」を支持する側の「練習を優先する鳥は誘わなくてよい」という意見と,不支持側の「皆で行った方が喜ぶ」という意見を抱き合わせにし,「本当は,どちらが嬉しいのだろうか」と投げかけることにしたわけです。これは,生徒発言を源泉に問題提起されている点で自然であり,立場表明した生徒も意欲的に語り合い,議論を深めることができました。

　具体的には,「練習後に皆で来てくれたら十分嬉しい」や「嫌々なら結構」

「性格的に，皆を誘うと無理をして来てくれたと負担に思う」等，自我関与しながら教材場面やその後のストーリー展開を想像することとなり，自己の判断や考えの根拠・立脚点を掘り起こせました。さらに，「真の友情にはどのような面が必要か」の発問にも，2番目に行った実践以上に，「一人であっても信念をもって親友のために行動する」といった，「人生の真実」を見据えたような個性の光る発言を数多く見出すことができたのです。

聖書（ヨハネ15：13）は「友のために命を捨てることより大きな愛はない」といいます。もし中3で扱うならば，みそさざいの決断と行動による，その後の他の鳥ややまがらとの関係への影響や，それに伴う自己犠牲や覚悟の中身と意味を通して，真の友情の姿と重さが一層鮮明になるでしょう。

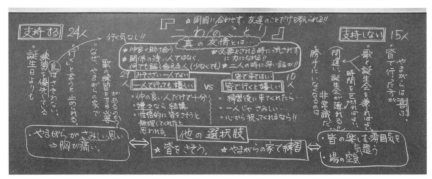

以上，四つの授業を概観しましたが，特に授業展開では，指導案設計上の僅かな違いや発問の微妙な表現の違い，各学級の反応の違いや教師の受け止め方の違い等が相乗することにより，その揺れ幅は大なり小なり生じます。

それは，道徳授業の難しさとともに楽しさや喜びをも物語っており，生きた授業の多様性を意味しているわけですが，しかし，教師は，主題の全体像と具体化されたねらいを羅針盤として，生徒の「宝玉の一語」を捕捉し，それを新しい価値的世界の扉を開く鍵として活用することが肝要です。

そして，授業展開の振れ幅はあっても，その授業で必ず通過しなければならない関所だけは論点を焦点化して押さえ，主題のねらいに肉薄する語り合いを積極的に実現し，より良い授業を柔軟かつ着実に展開したいものです。

よりよい授業を求めて

　道徳科における究極の「よりよい授業」とは，一つの見方として，生徒の後の人生にどれだけ「歩留まり」があったかということではないでしょうか。言葉を換えて言うならば，どれだけ心の琴線に響き，どれだけ心に刻まれ，「秘かなる決意」がどれだけの年月，心に残ったのかということです。

　新美南吉の教え子の榊原二象氏は，小6児童であった30年前の，雨の降る体操の時間に，まだ未発表（発表は翌昭和7年）の『ごんぎつね』を語って聞かす南吉先生の口調，しぐさ，顔の表情まで覚えているといいます。

　また，花巻農学校の教師だった宮澤賢治の教え子は，3大肥料の一つ窒素について，まず，身近の注連縄から雷（空気中の窒素を分解）と雨（分解した窒素を地中に溶かす）の役割を学び，すぐに落雷の多い変電所近くに行って稲穂の実りを確かめた経験を60年後に，まだ鮮明に覚えているそうです。

　そして，童話作家あまんきみこ氏は，自身の学生時代に，ウィリアム＝ブレイクの詩『無垢の告白』を教わったときの感動を，次のように語ります。

　先生は，教室に入るなり黒板に黙って美しい字で次の四行詩を書かれました。それから，改めて挨拶をして授業を始められました。

　　　一粒の砂に　世界を見
　　　一輪の野の花に　天国を見る
　　　掌（たなごころ）の中（うち）に　無限をつかみ
　　　一瞬に　永遠を知る

　この感動が心にすみつき，ある瞬間，稲妻が光ったように気付いたそうです。それは，"一粒の砂・一輪の野の花"は「事実」で，"世界を見・天国を見る"は「真実」で，その行き交う間が「ファンタジー」だということで，これがその後のあまん氏の作風に大きな影響を与えたように思われます。

これら三つの心に残る授業に共通しているものは何でしょうか。ここで，道徳科における「よりよい授業」を求めていくに際して，取り入れたいことは何かを考え，上で述べてきたこととの共通点も考えてみます。

　まず，共通点の一つは，事前の教材の準備が十分になされていたことです。南吉にとって『ごんぎつね』は，心を込めた，満を持しての制作作品であり，魂のこもった十分な準備が当然なされており，賢治の「窒素肥料」の授業においては，生徒の意欲・関心を考えた「導入」から，五感で受け止めさせるための実地授業まで緻密に組み立てられているし，あまん氏の受けた授業では，多くの資料の中から，ウィリアム・ブレイクの詩の一節を選び，生徒の感動を誘う「導入」を工夫されていたということです。

　このことを，道徳科の授業に敷衍すると，まず，心に響く，魂のこもった教材選びが第一関門と考えられます。しかし，道徳は教科となって，基本的な教材は提示されても，教師の見定めたねらいとの遠近が生まれるはずで，そこに，補助教材，ポケット教材を重視する余地も出てくるでしょう。そのため，私が日頃から考えていることは，教科書以外に一つは「十八番の教材（自分にぴったりと合う得意の教材）」を持っておきたいということです。

　私の場合，『石段の思い出』『吾一と京造』『樹齢七千年の杉』『親切はとうぜん』等であり，資料も集め，多くの人の指導批判も仰いで，少しずつ自分でも育ち，生徒にも共感・感動を得ている教材で，「あの先生が担任だと必ずあの教材で学ぶ」と言われるような教材を持ちたいものです。

　そして，充実した，いつまでも心に残り，生き方に迷ったときにふと思い出して，それが生徒の後の人生の道標となるような教材が一つでもあれば，それは，教師自身の道徳教育への理解と自信に繋がり，また，授業を通じて生徒理解も進み，学級経営の機微が分かるとともに，教師自身も「生徒と共に新しい世界への扉を開く」といった不思議な，他の教科では味わえない道徳科の楽しさや必要性も感得できるのではないでしょうか。

　それに重なる形で共通点の二つめは，教材研究の豊かさと練られた伝え方です。『ごんぎつね』では，物語の主題に向けた的確な構想と語彙があり，

『窒素肥料』と『無垢の告白』には、ねらい達成への考え抜かれた方針と手立てがあります。これを手がかりに、「よりよい道徳科」のための教材研究と指導案、授業における発問・応答、板書の在り方等を再度見てみます。

　まず、教材研究は、「すべての道はローマに通ず」の言葉どおり、すべては「主題・ねらい」を見通したものであるべきです。すでに述べましたが、教材中の魂のこもった場面、主題への道標の役割を果たす言葉等を見抜き、それを重要な鍵に教材研究を進め、これまでの授業評価も踏まえつつ、生徒の来し方、現在の立脚点、行く末を確かめながら指導案を組み立てます。

　指導案づくりは、オリエンテーリングにも似ています。目標を定め、出発地点（生徒観）を見極め、途中の通過ポスト（指導観）を確認し、磁石と地図（指導案）を頼りに一歩一歩足許を確かめながら、目的地を目指すのです。

　重要なことは、主題観・教材観に延長線を引いた生徒観となっているか、また、指導観がその間を繋ぐ道標となっているかです。その上で、なお重要なことは、来し方を振り返り、現在の位置を確かめ、磁石（方向性）や道標等（発問等）で地図を読み取り、今まで登ってきた道を確かめつつ、最後に次の目標への決意を新たにできる（板書）かどうかです。

　私は、「考え、議論する」を一つの核にする道徳科を実り多いものとするため、この例えの中では、とりわけ「発問」と「板書」を基軸にしました。具体的には、主題とねらいに迫り、生徒が最も深く考え議論した中心発問と、それを支える基本発問・応答が織り成す立体的な設計図、視覚的にも美しい板書を、生徒と共に創り上げたいと考えたのです。そして、1時間の道徳授業を反芻しつつ、それを、目に焼き付け、秘かなる決意を心に刻むために、静謐の1分間を終末段階にもてるとき、それは、私の目指す「よりよい授業」の一つの典型であると思えるのです。

　さて、本書では、道徳教育と道徳科に対する基本的事項を確かめながら、よりよい授業の在り方を巡って、多種多様な観点から考察・論述しました。今、改めて、文科省が行政説明資料として示した「道徳教育の抜本的充実に向けて」の、道徳性を養う一過程としてのイメージ図（次頁）を見ましても、

一つ一つの言葉に込められた理念を実質化・実践化していく必要性をひしひしと感じますし、心を新たにして「考え、議論する」道徳を実現したいと思わずにはいられません。

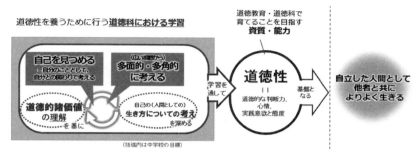

　そこで、道徳教育の実質化・充実化の実現を願いつつ、結びとして、「考え、議論する」道徳科の授業について、私の思いを簡潔に述べてみます。

　コマは、回転を速めると心棒が天を指し、静止したかのようになり、これを「澄む」と言います。「考え、議論する」は、語り聴き合い、学び教え合い、高め磨き合うことであり、それはコマの動きにも似ています。適切な発問・板書等の手立てと教師の道徳科への理念と哲学と情熱で、生徒の考えと議論は進み、澄み、心に天の虹を目指す生き方への道標も得られるでしょう。

　そして、心の地下水脈での「秘かなる決意」として、「誠実で美しい生き方」への思いを胸に刻みながら、生徒と共に未来を語り、誓い合う道徳科の授業でありたいと思うのです。

　皇后陛下美智子さまは、第26回国際児童図書評議会（IBBY）ニューデリー大会で基調講演をなさいましたが、それをまとめた『橋をかける』（文春文庫）によれば、「外に向けて架けた『橋』で、人との繋がりを深め、それを自分の世界とするとともに、内に架けた『橋』は、本当の自分の発見と自己確立を促します」との想いを語っておられます。

　道徳科の授業は、その『橋』を架けることとも言えるでしょう。まさに、人は、人との繋がりの中で互いに「教」「育」し合い、自己発見、自己確立しつつ誠実に美しく生きていくのです。

あとがき

　ある幼稚園長がつくった『ジャンケンポン』という詩があります。

　　しゅん君が目を輝かせて走ってくる
　　なおちゃんも頬っぺを真っ赤にして走ってくる
　　肩で大きく息をしてから元気な声で「園長先生ジャンケンしよう！」
　　私は困って逃げ腰で言う　「負けてばかりでジャンケンきらい！」
　　二人は首をかしげて　後ろを向いて　チョット相談　ナイショで決めて
　　それから二人は目で合図　「じゃあね　園長先生　チョキ出して！」
　　声をそろえて　「ぜったい　ぜったい　チョキ出して！」
　　私も身構え　用意は十分　それではいっしょに「ジャンケンポン！」
　　私は約束どおり　チョキを出す　ワクワクしながら　チョキを出す
　　同時に出した　二人の手は　揃って　パー
　　パーを出した二人の掌に虹がかかっている
　　見上げる二人の瞳に太陽が映っている

　サンスクリット語の［慈：maitrī］は，友情・親愛・与楽・与善を意味し，［悲：karuṇā］は，苦悩する者への同感・同苦・除苦・抜苦を表すといいます。私は，この詩の園児二人の魂に宿る慈悲心，天性の優しさ，善や美の心といった道徳心を観て，心が感動で打ち震える思いでした。

　また，トルストイの名作『アンナ・カレーニナ』には，レーヴィンが，人間として深く悩み，究極の生き方・在り方を求める中で，人の魂にも存する「善の意義」を語る場面があります。私はここでも，二人の園児の心の中にある，純で優しく気高い「善」の姿を重ねて，嬉しい気持ちになるとともに，心の底から人の性の優・善・美なることを感じたのです。

　さらに，偉人の生き方とその人間性を浮き彫りにした司馬遼太郎は，『菜の花の沖』の講演の中で，「すぐれた人間というのは，金もうけができる人とか，そういう意味ではありません。よく働くこともけっこうですがそういうことでもない。やはり魂のきれいな人ですね」と語っています。

「すぐれた人間」は漢字で「優れた人間」とも書きます。二人の園児の心底に片鱗を見た「優しさ」こそ「優れた」人間性であり，慈悲，善，美を含む真の「優しさ」を有することこそが「道徳心」の核心の一つでしょう。

　以上，詩や小説，講演を通じて，道徳心を支える価値・要素を提示しましたが，結びに，改めて道徳科指導の削りに削って最後に残したいものは何かについて考えてみます。私は，それは生徒の心を照らす灯火を点すことではないかと考えます。灯火には２種あり，「父の愛は灯台のごとく，母の愛は提灯のごとく」と言われますが，道徳教育においても，足許を照らす灯火と，常に人生の真実や道徳性の水平線を照らしいざなう灯火とが必要でしょう。

　その灯火を私はこう考えます。たった一回の片道切符の人生ではないか，心の秘かなる決意を温め，「美しい心で，"真込めて"生きよう」と。

　現在，教育は時代の大きな転換点に立っています。今こそ「温故知新」も踏まえて，私たちは，過去の道徳教育が積み重ねてきた優れた点を温ね，新学習指導要領の趣旨を生かした新しい道徳科教育を，力を合わせて構築しなければなりません。本書では，そのためのヒントとなり，実践に少しでも役立つことを願って，具体例や板書例も入れながら論を進めました。しかし，詰まるところ，「教育は人なり」「教材より指導法，指導法より指導者」です。仏に魂を吹き込む役割を担う教師が，いかに熱と力と灯火をもち，生徒一人一人の魂に迫るかが道徳教育，ひいては日本の未来を決めるのです。

　終わりに，編纂出版に際して，明治図書出版の茅野現氏から望外の示唆と援助を賜ったこと，並びに宮森由紀子氏から高所より校正いただいたことに深く謝意を表するとともに，論の私に関する部分では，本校及び貝塚市立第五中学校の先生方に，貴重なご意見，ご協力を得たことや，殊に故村上敏治京都教育大学名誉教授の研究会に参加し，またその著書や論考で学ばせていただいたことに深い感謝の意を表する次第です。

平成30年６月

荊木　　聡

【著者紹介】

柴原　弘志（しばはら　ひろし）

第1章，第2章❶❻を執筆。

昭和30年，福岡県生まれ。京都大学教育学部卒業。
京都市立中学校教員を経て，京都市教育委員会学校指導課指導主事（主として道徳・特別活動領域担当）。
平成13年から文部科学省初等中等教育局教育課程課教科調査官。その後，京都市立下京中学校校長，京都市教育委員会指導部長等を経て，現在，京都産業大学教授。
平成26年中央教育審議会道徳教育専門部会主査代理。
平成27年道徳教育に係る評価等の在り方に関する専門家会議副座長。

荊木　聡（いばらき　さとし）

第2章❷〜❺，第3章，第4章を執筆。

昭和44年生まれ。大阪教育大学卒業，兵庫教育大学大学院修了。
大阪府中学校道徳教育研究会の初代事務局長，会誌「翔鯤誌」を命名。第43回全日本中学校道徳教育研究会で基調発表。
文科省『中学校道徳読み物資料集』およびNHK道徳番組「オン・マイ・ウェイ！」「ココロ部！」作成協力者。
現在，大阪教育大学附属天王寺中学校指導教諭および研究部長で，大日本図書の教科書『数学の世界』の執筆も務める。

中学校　新学習指導要領　道徳の授業づくり

2018年7月初版第1刷刊 ©著　者	柴　原　弘　志	
	荊　木　　　聡	
発行者	藤　原　光　政	
発行所	明治図書出版株式会社	
	http://www.meijitosho.co.jp	
（企画）茅野　現　（校正）宮森由紀子		
〒114-0023　東京都北区滝野川7-46-1		
振替00160-5-151318　電話03(5907)6701		
ご注文窓口　電話03(5907)6668		

＊検印省略　　組版所　長　野　印　刷　商　工　株　式　会　社

本書の無断コピーは，著作権・出版権にふれます。ご注意ください。

Printed in Japan　　　　ISBN978-4-18-286313-4
もれなくクーポンがもらえる！読者アンケートはこちらから →